涵芬樓燼餘書錄

顧廷龍署

下

張元濟 撰
張人鳳 整理

中國歷代書目題跋叢書

293　阮嗣宗集二卷　明萬曆刊本　二册　（07606）

題「魏陳留阮籍著」，「明新安汪士賢校」。前有嘉靖癸卯陳德文序，謂「大梁舊刻籍詩，南來少傳，郡伯鄞范子取而刻之宜春」云云。

294　箋註陶淵明集十卷　宋刊本　八册　（07607。著録作「元刻本」）

卷首梁昭明太子序，卷末《補注陶淵明集總論》。題「廬陵後學李公煥集録」，是全書箋註，亦當出李氏之手。先以己意疏釋，附於各句之下，復采前賢議論，列於各篇之末。《桃花源記》「欣然規往」，不誤「親往」。宋諱避「朗」、「匡」、「恒」、「貞」、「樹」、「桓」、「慎」等字。半葉九行，行十六字，大小字同。左右雙闌，版心細黑口，雙魚尾。書名署「匋寺幾卷」或「匋幾」、「寺幾」。

藏印　金氏不窺園珍藏　金石　太史氏　他山居士　虞卿　三橋居士　河東　明益私印　英龢私印　陸開鈞印　恩福堂藏書印

295　陶淵明集十卷　影宋鈔本　三册　郁泰峯舊藏　（07608）

詩、文各四卷，《集聖賢羣輔録》二卷，與通行本無異。惟《桃花源記》「欣然規往」，

「規」不誤「親」；《五柳先生贊》黔婁注，不奪「之妻」二字。注文校語亦比他本爲多，其云「宋本作某某」者，謂宋文憲所傳江左本也。卷末附顏延年《誄》，梁昭明太子撰《傳》，北齊陽僕射休之《序録》，宋丞相宋庠《私記》，宣和六年曾紘《説》。半葉十行，行十六字。宋諱「玄」、「朗」、「敬」、「警」、「驚」、「殷」、「胤」、「恒」、「貞」、「桓」、「完」、「構」、「遘」、「覯」等字均闕筆，「慎」字不避，所影蓋南宋初年刊本。版心書名署「陶集幾」，下記刻工姓名，有方成、王雄、王實、吳珪、黄暉、張逢、王仲、張逵、施二日、陳俊、王伸、洪茂、芳茂、施章、洪光、黄么諸人，又記明重刊者有洪明、楊昌、吳寶、吳宗、施祥、胡端【瑞】、李涓、王進、陳文、陳逡、王諒、朱坦、施俊諸人。

藏印　郁松年印　泰峯

296 陶靖節集十卷 明萬曆刊本　三册　(07609)

首昭明太子序，次萬曆丙子柴桑里人勞堪序，次本傳，次目録，次總論。字大悦目，版印絶精。

297 鮑氏集十卷 明覆宋刊本 二册 毛斧季校，汲古閣、愛日精廬、席玉照、黄蕘圃舊藏（07610）

前散騎常侍虞炎序。首行題「鮑照集」，各卷均題「鮑氏集」。目録連正文，半葉十行，行十七字。宋諱「朗」、「殷」、「筐」、「亘」、「恒」、「貞」、「讓」、「樹」等字闕筆。「慇」、「世」二字，尚襲唐諱。《四庫》所録朱應登刊本，《提要》稱：「《行路難》第七首『蹲蹲』字下，註曰『集作樽樽』；『啄』字下，註曰『集作逐』。」此本正作「樽樽」及「逐」字。孫淵如藏影寫本，亦據此證爲出自宋刊。然孫本序連卷一目録，與此不同。是本注有「一本作某」之語，則宋時必不止一刻。卷中訛奪，毛氏復據宋本用朱筆校正，且塗改點畫，鈎勒行款，均極精細，直可作宋本觀。

《愛日精廬藏書志》曰：「《鮑氏集》十卷，毛氏從宋刊手校，虞炎序上方有識語云：『宋本每幅廿行，每行十六字，小字不等。』卷一『舞鶴賦巾拂兩停九劍雙止』上。識語云：『欽宗諱「桓」，故宋本書「丸」字諱去一點，犯嫌名也。然字形狹長，仍作「丸」字形，而缺一點。與「九」字不同。』每卷首俱有虞山毛扆手校印記。」上文云云，悉與此本合。惟書名下註舊抄本，疑誤。

丙辰七夕後三日，借吴趨友人宋本，比校一過。扆。在卷末。

藏印　虞山毛扆手校　西河季子之印　愛日精廬張氏藏書記　席鑑　別字萸山　席玉照讀書記　黄印丕烈　蕘圃　士禮居藏

298 沈隱侯集四卷　明萬曆刊本　四册　(07611)

題「梁吴興沈約撰」、「明檇李沈啓原輯」、「沈啓南校」。卷首有《詩品》及《梁書》本傳。前有萬曆乙酉雲間張之象序，此已佚。沈氏昆季先刻《謝康樂集》，繼刻此集，其後新安程榮據是本覆刻，編次悉同，惟析四卷爲五卷。閩漳張燮、太倉張溥、滇南阮元聲遞有刊本，所收文字略有增益，然此亦有諸本所無者。

299 陳伯玉文集十卷　明弘治刊本　四册　(07612)

唐陳子昂撰，新都楊春重編，射洪楊澄校正。卷首弘治四年維揚張頤序，次盧藏用序。《四庫》著録稱《陳拾遺集》卷七脱《禡牙文》、《禜海文》、《弔塞上翁文》、《祭孫府君文》四篇，是本均未脱，惟《餞陳少府序》及附録祭文均佚。

藏印　海陵劉氏鑒臧善本　蕭爽齋書畫記

300 張説之文集二十五卷 明嘉靖刊本 八册 （07613）

集首永樂七年六月廿四日濠上貞隱老人伍德記，自言：「手自抄録，欲梓無力，冀後世子孫有能新之，以續有唐文獻。」記後有「嘉靖丁酉椒郡伍氏龍池草堂家藏本校刊」一行，刊是書者可謂能繩祖武矣。《愛日精廬藏書志》有影宋鈔本，謂卷一《喜雨賦》明本删去「御製應制」等字，卷五《醉中作》有題無詩，卷六《廣州蕭都督入朝過岳州宴餞》後缺一葉，計詩七首，題一行。是本均同，蓋亦從宋本出。藏家推爲刊刻傳世最古者。惟卷末又有永樂九年九月伍德記一首，實與前記僅末兩句略異耳。殆校勘未審，致有重出歟。前有項篤壽序，佚。

藏印 臣印啓泰 吉臣 摯用生蘊 積讀齋 長谿守藏室主

301 張文獻公集十二卷 明成化刊本 十二册 樂意軒吴氏、石研齋秦氏、染素齋劉氏舊藏 （07614）

前有成化九年邱濬序，書名題《曲江集》，謂「得於館閣羣書中，抄録成帙，南歸道韶，太守蘇韡同知方新，請留刻郡齋」云云。不知刊本何以改稱今名。按《唐書・蓺文志》、《九齡文集》二十卷，《直齋書録解題》、《郡齋讀書志》均稱《曲江集》二十卷。《四部叢刊》景印南海潘氏藏本，亦有成化邱序。諸家藏本均二十卷，獨此爲十二卷。以潘本對勘，詩文篇數全合，惟分卷不同，編次亦稍異。此本邱序以寫本上木，而潘本則爲匠氏所書，故知此爲成化原刻，潘本實由此迻録也。

藏印　樂意軒吴氏藏書　石研齋秦氏印　臣恩復　秦伯敦父　海陵劉氏染素齋藏書印　劉漢臣字麓樵　泰州鎦麓樵購於揚州癸丑兵火之後

302－1　分類補註李太白詩二十五卷　元至大刊本　十六册　（07615）

題「春陵楊齊賢子見集註」，「章貢蕭士贇粹可補註」。卷首蕭氏至元辛卯刊版序。目録末葉版心僅存「三月印」三字，以後記同版殘本證之，當缺「至大辛亥」四字。半葉十二行，行二十字，小註雙行，行二十六字。版心書名署「李詩註卷幾」。

目録後木記　建安余氏勤有堂刊

302－2　又一部　版本同前　存卷首序目、第一、二卷　五册　（07616）

卷首蕭士贇刊版序，次李陽冰序、樂史序、劉全《白碣記》、宋敏求序、曾鞏序、毛漸題詞，次年譜，次目録。末葉版心有「至大辛亥三月印」一行。第三卷以下闕。

藏印　山高長水

303－1　杜工部草堂詩箋　宋刊本　存三十三卷　十二册　文徵仲、朱文石、季滄葦舊藏　（07617。著録作「十四册」）

題「嘉興魯訔編次」，「建安蔡夢弼會箋」。半葉十一行，行十九字，小註雙行，行二十五字。版心細黑口，書名題「杜詩幾」。左右雙闌，闌外記卷數葉次。存卷四至十九，卷二十二、三，卷二十七至三十五，卷四十八至五十。其卷九、卷二十七、卷四十八末葉，均有「衢山」或「雲衢俞成元德校正」一行。卷一、二、三鈔配，摹寫極精。

藏印　玉蘭堂　華亭朱氏珍藏　大宗伯印　集慶堂　季振宜字詵兮號滄葦　古吳王氏　圜明

303－2　又一部　版本同前　存二十一卷　十册　周九松舊藏　(07618)

存目録、起卷三，迄三十一。【第三葉至第二十五葉。】卷四之九、【卷六缺第四、第五葉，卷八缺第一葉】卷九僅【第】一葉。卷十四之二十【卷十五缺第九葉】、卷二十七之二十九【八】後二卷均不全。、卷四十之四十四。

藏印　毘陵周氏九松　周印　迂叟藏書記　良金

304　集千家註分類杜工部詩　元刊本　存十一卷　十二册　(07619)

東萊徐居仁編次，臨川黄鶴補註。半葉十二行，行二十字，小註雙行，行二十六字。門類目後有「皇慶壬子」、「勤有堂」鐘鼎形木記各一。存目録，卷三之九，卷十八、十九，卷二十四、二十五，餘均佚。

305　須溪批點杜工部詩註　元刊本　存十八卷　六册　唐荆川、唐六如舊藏　(07620。著録作「明初刻本」)

半葉九行，行十八字，小註雙行，字數同。卷首序目及卷四、五、六均佚，餘略殘缺，有鈔配，均明人手筆。

藏印　唐印唐臣今一字　荊川寅彪獻豹三

306　杜詩會粹二十四卷　原刊本　八册　王文簡校藏

傳沅叔同年與《國策》、《楚辭》同得於金陵書肆。沅叔初欲自留，嗣以余堅請，故亦併歸涵芬樓。與前二書對覈，可斷爲文簡手筆。通體評點，朱書細字，於當日作詩之旨，並後人讀詩之法，一一指出。即一圈一點，亦極謹慎。末卷諸賦，未加評騭。間有墨筆，則他人所爲也。

307　須溪先生校本唐王右丞集六卷　元【明弘治】刊本　二册　丁小疋舊藏　（07621）

此即錢牧齋所謂「山中一半雨」本也。其「松下行齋折露葵」、「種松皆老作龍鱗」二句已非古本舊文，卷六《出塞作》亦缺一行詳見後本跋語。然黃蕘圃謂：「借得元刻《劉須溪評點王右丞詩》與宋刻對校，序次悉同。」則此本亦自可貴。半葉八行，行二十字。須溪評語多散入當句之下。明人重開本則盡去其句旁之圈點。《唐書》言維死，代宗訪其文章，維弟縉表上十卷。顧千里謂題「右丞集」者，爲建昌刻本。前六卷詩，後四卷文，蜀本第二以下全錯亂，誤入王涯詩三十篇。此梓詩六卷，未誤入王涯詩，必從建昌本出。然皕宋樓陸氏有是本，固是十卷。此蓋佚去文四卷耳。卷首鈐湖州丁氏八千卷館印，當是丁小疋舊藏。

藏印　湖州丁氏八千卷館所藏書畫

308　唐王右丞詩劉須溪校本六卷　明弘治刊本　三册　葉石君、黄蕘圃舊藏　（07622）

卷數編次與前版同，惟須溪圈點均已刊落。前有重刻序，謂：「宋元舊刻，歲遠不存，近刻于蜀，字畫頗舛謬脱落。粗爲辨正，出俸鏤刻。」惜此序末行已被剜去，惟序中自稱其名曰夔，序後有木印三：曰「星石山人」，曰「祖邦」，曰「西溪竹林深處」，知爲永豐吕夔。夔于弘治間以工部主事分司江淮，後遷杭州太守，好吟詠，有《草堂餘興集》。《邵亭知見傳本書目》著録弘治甲子吕夔刊六卷本，蓋即此也。目録次序雖同元刻，而題字頗多歧異，殆蜀本先已删易歟。

黄蕘圃跋　此六卷本《王右丞詩集》係覆刊劉須溪校本，其分卷序次却與宋本合。余偶得諸坊間，坊友胡葦州云，《送梓州李使君詩》尚作「一半雨」，洵佳本也。及余攜歸核之，卷六《出塞作》脱去一行，計二十一字。「驅」字之下，「遼」字之上，從他本證之，有「馬秋日平原好射雕護羌校尉朝乘障破虜將軍夜渡」云云。以宋刻行款而論，「驅」字上半葉止，「遼」字下半葉起，可見此本從宋覆刊無疑矣。唯是辭句尚多歧異，當再以宋本勘之，則美備無遺憾，當俟暇日手校可耳。庚辰冬至日，復翁。

藏印　葉樹廉印　石君　雲間姚氏　孟浦藏書

309　類箋唐王右丞詩集十卷　唐王右丞文集四卷　明嘉靖刊本　十册　（07623）

卷首顧起經箋刊書序，次王縉《進王右丞集表》、唐代宗《批答手敕》，次新、舊《唐書》兩本傳，次《新唐書·宰相世系表》，次《王右丞年譜》，次《王集外編》，次《諸家同詠集》，次《諸家贈題集》，次《歷朝諸家評王右丞詩畫鈔》，次凡例、正吪【訛】，次目録，《詩集》十卷，《文集》四卷，次無錫顧氏奇字齋開局氏里，寫勘三人，雕梓二十四人，裝潢三人。程限自嘉靖三十四年十二月授鋟，至三十五年六月朔完局。天禄琳琅稱爲：「鄭重經營，字畫清朗，尚稱佳本。」《詩集》均題「宋廬陵劉辰翁評」，「明勾吴顧起經註」。同時校閱者尚有十九人，列名卷末。至文四卷，則編刻之時，略加校正，僅糾其失款者八字，補其脫缺者十七字，更其差者三十四字而已，未嘗爲之箋註也。

310 毘陵集二十卷

明鈔本　六册　沈辨之、錢夢廬舊藏（07624。著録作「清鈔本」）

題「朝散大夫持節常州諸軍事守常州刺史賜紫金魚袋獨孤及撰」。《四庫提要》稱：「舊本久湮，明吴寬自内閣鈔出，始傳於世。」又云：「《馬退山茅亭記》乃柳宗元作，後人誤入及集。」是本卷十七亦有此《記》，必自吴本傳録。字體端凝，饒有書家筆意。前有隴西李舟序，博陵崔祐甫《神道碑銘》。卷九末有「嘉靖戊申六月廿八日校勘畢，姑餘山人志，六月十五日陸楠裝完」二行。按吴郡沈與文字辨之，自號姑餘山人，刊有《韓詩外傳》，素稱佳本。其人爲明代吴中一藏書家。錢夢廬跋稱：「卷八前有張文敏僞印，亟宜剜去。」然卷十前亦有此印，印泥甚鮮，不若前之黯黮，似不能定爲贋品也。

錢夢廬跋　唐獨孤及之《毘陵集》二十卷，尚是其門人所編。當時原本，允爲難得。昌黎亦嘗師事，實録所載，諒不誣也。讀其詩文，樸茂中别有丰神，不愧一代作者。雖漁洋山人有不滿處，未可隨聲附和耳。惜第八卷前有張文敏僞印兩方，亟宜剜去爲得。聞吴門近有新雕本，案頭需此，疑有脱誤不及一校異同，當俟諸異日可也。道光十五年乙未九月望後一日，嘉興錢天樹識。下鈐「夢廬」朱文方印

藏印　張照　得天　文章孝友傳家　筆牀茶竈

311 韋蘇州集十卷 明刊本 四册 王静庵校 (07625)

卷首有王欽臣記，餘無他序跋。然以字體核之，當爲萬曆時所刊。故人王静庵以宋刻本及嘉靖本校過。

王静庵跋 辛酉七月廿七日，陳道人本校畢。觀堂。

又跋 宋本十行，十八字，此本即從之出，但改作九行耳。

又跋 是月晦日，又用嘉靖景宋刊本勘畢，參校《韋江州集》。

312－1 唐陸宣公集二十二卷 宋刊本 十二册 (07626。著録作「元刻本」)

卷首唐權德輿撰翰苑集序，次元祐八年蘇軾同吕希哲、吴安詩、豐稷、趙彦若、范祖禹、顧臨進奏議劄子。語涉宋帝均提行。次目録。卷一至十，制誥；卷十一至十六，奏草；卷十七至二十二，中書奏議。半葉十行，行十七字。宋諱均不避。板心書名前十卷記「苑幾」，後十二卷記「奏幾」。上記字數，下記刻工姓名。然不全記。刻工爲張允中、徐成、張中、何源、何津、子明、遇春、元仁、徐文等。餘爲趙、陳、高、珍、拱、諒、承等單字。闕五卷，新鈔配，多譌字。皕宋樓陸氏有此書，所記行款全同，定爲元刊。然彼目録後有「至大辛亥重梓校訂」木記七行，而此無之。陸氏題跋謂：「宋時嘉興學有版，歲久漫漶。至大辛亥，盱眙王子中來守，以推官胡德修家藏善本重刊。」云云。此豈即宋時嘉興所刻歟？

312－2　又一部　明刊本　十二册　（07627）

權德輿翰苑集序，蘇軾等進奏議劄子，《制誥》十卷，《奏草》及《中書奏議》各六卷，均與前書同。惟增一蕭燧淳熙講筵劄子。察其版刻，當在明代正統、天順之間。

313　朱文公校昌黎先生集考異釋音附　宋刊本　存三十卷　八册　澹生堂祁氏、吳墨井、高澹人、張芙川舊藏　（07628。著録作「元刻本」）

存卷十一至四十。前十卷缺。半葉十二行，行二十一字，小註同。左右雙闌，版心上下雙魚尾，細黑口。書名署「昌文幾」。宋諱「玄」、「朗」、「弘」、「匡」、「筐」、「恒」、「禎」、「貞」、「徵」、「讓」、「項」、「戍」、「桓」、「洹」、「完」、「構」、「慎」、「敦」、「廓」等字，多闕筆。

藏印　山陰祁氏澹生堂　吳歷　高印士奇　士奇之印　士奇　澹人　清吟堂圖書　虞山張蓉鏡鑒定宋刻善本　蓉鏡珍藏　蓉鏡　蓉鏡心賞

芙川鑒定　宋本　希世寶　在處有神物護持　祕殿□書

314　朱文公校昌黎先生集　宋刊本　存二卷　四册　（07629。著録作「五册，存三卷」）

存卷十三、十四。半葉七行，行十五字，小註同。左右雙闌，版心書名題「昌幾」。上記字數，下記刻工姓名。此二卷中，僅有蔡章、熊忠、劉舉、之舉、亢宗、蔡珏數人。其單記一字者，有受、章、壽、舉、華五字。宋諱「玄」、「匡」、「筐」、「恒」、「貞」、「讓」、「慎」、「敦」、「廓」等字，均闕筆。

藏印　都省書畫之印　玘上翟氏家藏珍玩

315－1　朱文公校昌黎先生集四十卷外集十卷集傳一卷遺文一卷　元天曆刊本　十八册　（07631。著録作「明洪武刻本」）

前題「晦菴朱先生考異」、「留畊王先生音釋」。首文公序，次王伯大序，次李漢序，次汪季路書，次編輯凡例。例末附言：「按朱文公校《昌黎集》，又著《考異》十卷，在正集之外，自爲一書。留畊王先生倅南劍時，併將《考異》附於正集本文之下，以便觀覽，故其凡例如此。留畊先生又集諸家之善，更定音釋，援據的當，音訓詳明，猶未附入正集，仍於逐卷之左，空其下方，以待竄補。是雖足見先生之謙德，而觀者未免即此較彼。其於披閲，又未爲便。今本宅所刊，係將南劍州官本爲據，併將《音釋》附正集焉，使觀者一目可盡而文義粲然」云云。半葉十三行，小字雙行，行二十三字。各家注釋均以黑地白字別之。按李序後有書林王宗玉識語，録後題「歲舍戊辰」，當是元天曆元年刊本。

序後識語

韓柳二先生文集行世久矣唐季歷代以來儒
人文士莫不宗之以爲文章之模範序記之矜
式惜乎舊板漫滅續集遺闕讀者憾焉本堂廣
求訪到善本卷集全備宗玉喜不自勝命工鼎
新綉梓以廣其傳使四方文學君子得覩
二先生之全文不致湮没豈不偉歟幸　鑑
歲舍戊辰十月吉旦　書林王　宗玉　謹識

315－2　又一部　版本同前　存十七卷　四册　（07631）

存卷二之十二，卷二十二之二十七，均初印。卷一鈔配。

316　增廣註釋音辯唐柳先生集四十三卷別集二卷外集二卷附録一卷　元天曆刊本　十八册　（07632。著録作「明初刻本」）

題「南城先生童宗説註釋」，「新安先生張敦頤音辯」，「雲間先生潘緯音義」。前有乾道三年陸之淵序，略謂：「柳州内外集貫穿經史，轇轕傳記、諸子百家、虞初、稗官之言，非博學多識者，未易訓釋。潘氏會稡所長，成一家言」云云。序中不及童氏註釋、張氏音辯，蓋當時原自別行，迨王宗玉始合而成編，故題曰「增廣」。書與《韓集》並刻，行款悉同。

317 皇甫持正文集六卷 鈔本 一册 錢遵王、顧肇聲、黄蕘圃舊藏 (07633)

是書有宋蜀刻本，爲劉公戩舊藏，昔年影印行世。是本卷數、編次均同。檢校文字，亦無差異。惟行款不合。錢遵王謂「得閣本重録」，蓋别本也。遵王跋語，與《讀書敏求記》刊本不盡相合，而與寫本題詞所録則盡同。殆此爲初稿，後復有所增訂歟。

錢遵王跋 孫可之得文章真訣於來無擇，來無擇得之於皇甫持正，皇甫持正得之於韓吏部退之。斯文自有真傳，非同俗學之冥行拍肩，以剽耳劏目爲能事也。是集余得閣本重録，復勘對一過。庚子九月廿五日燈下，錢曾遵王識。

藏印 錢曾之印 遵王 善耕顧氏圖書 伯洪屠鐘 義門小史 黄印丕烈 蕘圃 士禮居 壽鳳之印

318　李長吉詩四卷外集一卷　明刊本　二册　（07634）

卷首書名，次行題「隴西李賀」。前無杜牧序，亦無刊書序跋。半葉九行，行十八字。細黑口，四周雙闌。版心僅記卷數，無書名。疑是初明刊本。

319　錦囊集四卷外集一卷　明弘治刊本　二册　（07635）

全書編次與前書同，惟前書卷末抄補有補遺詩二首，此無之。卷首弘治庚申張元禎序，又杜牧舊序。集原名《李賀詩編》。卷末馬炳然刊書跋謂「取小奚童背古錦囊故事，更名《錦囊》」云云。卷中附刊元板牌記，謂有箋註、批點、評論，而此本悉無之，蓋重刊時已删削矣。

外集後牌記

李長吉詩舊藏京本蜀本會稽本宣城本互有得失獨上黨鮑氏本詮次爲勝今定以鮑本而參以諸家箋註則得之臨川吴西泉批點則得之須溪先生與觀評論並附其中齋居暇日會稡入梓庶幾觀者瞭然在目至元丁丑二月朔日復古堂識

藏印　臣燦之印　文猗

320　昌谷詩集四卷　鈔本　二册

題「李賀長吉著」。卷首有長吉小傳，次李賀詩編序，《集》凡四卷，編次前二卷與前書略同，後二卷差異。然所闕者僅《外集》之《有所思》、《嘲少年》二首耳。目録後署「長洲紅杏學人參録」，楷法娟秀。全書用朱筆評注，似同出一人之手。

321　王建詩集十卷　宋刊本　四册　汪閬源、繆小山舊藏　（07636）

南宋書棚本，汪閬源舊藏，見於《藝芸書舍宋元書目》。中有殘缺，繆小山據馮己蒼鈔本寫補，並校勘一過。

繆小山跋　宋陳解元書棚本。半葉十行，行十八字。荃孫昔年得之滬市，中止存舊刻三十餘葉，餘皆影鈔也。頃京估以常熟馮己蒼鈔本見眎，行款與宋本同，黑格後有「馮氏鈔本」四字。卷五、卷十後有己蒼手跋。又有朱書「馮氏不借本」五字。校勘圈點，細密慎重，固馮氏之家法。卷首邊闌「馮氏」朱文小印，末有「孱守堂」三字並列朱文方印、「馮己蒼手校本」朱文小方印、「謙牧堂藏書記」白文方印、「謙牧堂圖書記」朱文方印、「上黨馮舒」白文小印、「禮邸珍玩」朱文方印。各印皆真。與宋本對校，二卷增十首，四卷增十五首，五卷增六首，六卷增四首，九卷增三十八首，共增七十三首。已蒼跋云「鈔自柳大中手書本」。不知何處得來。二卷跋云：「以下十首宋版無，依别本補入。」五卷跋云：「馬戴詩舊本無，柳誤添。」是已蒼曾見宋本，而大中所增之七十三首有誤收他人之作。後之重刻是書者，宜仍以宋本爲主，而此七十三首，别爲補遺於後，不可混入，以存其真。宣統紀元芒種日，荃孫跋於對雨樓。

又跋　現行毛斧季本、胡介祉本，皆八卷。《墨莊漫録》云：「《建集》七卷，印行本一卷。」今宋本十卷，不知視七卷本何如。《敏求記》十卷，想亦宋本。《記》云：「建與樞密王守澄有宗人之分，偶因過飲相譏，守澄憾，欲借宫詞奏劾之。建作詩以解。結句云：『不是當家親向説，九重争遣外人知。』事遂寢。」「當家」，猶今人言「一家」也。此集作「姓同」，其爲後人改竄無疑。宋本正作「姓同」。

藏印　宋本　汪士鐘曾讀　繆荃孫藏　荃孫　雲輪閣　求古居　聽其自然　☰清氣☷　霅水汝南家印　雲喦　金氏[illegible]仁　湘雲館

322　李文饒公文集三十四卷　明萬曆刊本　六册　蕭蓼亭舊藏　（07637）

前有桂管都防禦觀察處置等使正議大夫持節桂州諸軍事守桂州刺史兼御史中丞上柱國滎陽郡開國侯食邑一千户鄭亞序。卷一書名下題「江西按察司副使吴從憲彙輯」，「袁州府知府鄭惇典校正」。從憲，晉江人，嘉靖壬戌進士，萬曆間任副使。《集》凡三類：《會昌一品制集》二十卷，《别集》十卷，《外集》四卷。版心書名題「李衛公某集」，下記天干十字，以分册數。前人以朱筆校過。《外集》卷三第九之十一葉，錯簡已校正。其他譌奪，間有校補。惟卷十四《奏回鶻事宜狀》、卷十五《請發陳許軍馬狀》均有目無文。此外有脱落錯簡至數十百字者，却未校出。

藏印　蕭印夢松　晉安蕭蓼亭手定書籍　静君　蘭陵世家　藏之名山傳之其人　玄賞齋蘭話堂　閩中蓼亭蕭夢松圖史之章　蕭蓼亭四世家藏圖籍　蘭話堂書畫印　檇李刺史傅氏藏書

唐印德盛　有一氏

【藏印亭録】名山草堂，蕭然獨居。門無車馬，室有面書。沈酣枕藉，不知其餘。俯仰今昔，樂且晏如。蕭蓼

323 元微之文集 宋刊本 存二十四卷 二册 元翰林國史院、劉公甑舊藏 （07638。著録作「三册」）

全集六十卷。原存僅卷第一至十四。近於市上獲見一册，爲卷五十一至六十，版刻相同，裝潢亦無少異。兼有「翰林國史院官書」之印，是必當年同時分散者，遂復收之。一首一尾，竟合豐城之劍，彌可喜也。宋諱「敬」、「殷」、「弘」、「匡」、「貞」、「徵」、「樹」、「戍」、「構」、「敦」、「瞰」、「惇」字多闕筆，蓋光宗時刊本。前有建安劉麟序。序稱「冠以《新唐書》微之本傳」，此已佚。惟目録俱完。卷一至四，古詩；卷五至八，樂府；卷九至十二，古體詩；卷十三，傷悼詩；卷十四至二十六，律詩；卷二十七，賦；卷二十八，策；卷二十九至三十一，書；卷三十二至三十九，表、奏、狀；卷四十至五十，制誥；卷五十一，序、記；卷五十二至五十八，碑、行狀、墓誌；卷五十九，告贈文；卷六十，祭文。詩章編次雖與微之寄白樂天書所言不同，然猶爲近似。至明嘉靖東吴董氏、萬曆松江馬氏刊本，以《樂府》四卷移置《律詩》後，《古體詩》四卷併稱《古詩》，則改竄更多矣。是本注中多有「一本作某」之語，蓋當時槧本不一，董氏翻雕，所據必别爲一本。馬氏凡例謂「編次悉依宋本」，然又言：「《體用策》董本偶逸二葉，查《文苑英華》補入。又《酬翰林白學士代書一百韻》，『光陰聽話移』句後，董本亦逸二葉。」是本具存，而馬本同闕。是所謂「編次悉依宋本」者，實即董本。宋本半葉十二行，行二十一字；董本乃十三行，行二十三字。卷一《思歸樂》一首，董本每行首尾一、二、三字與宋本不同者，乃至三十九字，而中幅則僅見三字。錢蒙叟謂：「吴中張子昭藏宋刻本，歲久漫滅，楊君謙據以迻録，行間遂多空字。董氏雕翻，多以己意揣摹填補。如首行『山中思歸樂』，原空二字，妄增云『我作思歸樂』，文義違背，似不可通。」又云：「後在燕都得元集殘本。向所缺誤，一一完好。暇日援筆改正。」又云：「元集誤字，始於無錫華氏之活板，謬稱得水村冢宰宋刻本，因用活字印行。董氏不學，沿其誤耳。」錢氏此言可爲董氏臆改之證。懸揣董氏所據之本，首葉上下原紙必已損爛，文字無存。董氏重刊以意補足，不然，安有同爲宋刻而兩本互異之字，在一葉内均集於首尾兩端者乎？宋刻亦有訛字，惟多被剜改，反失真相。白璧微瑕，不能無憾。至於明本，訛奪滋多，不足道已。

藏印　翰林國史院官書　劉印體仁　體仁　潁川鎦考功藏書印

324　白氏長慶集七十一卷　明活字本　二十四册　(07639)

此爲錫山華氏蘭雪堂印本。前有元稹微之序。半葉八行，行十六字，全書皆小字雙行。版心上署「蘭雪堂」三字。

325 白香山集四十卷 一隅草堂刊本 二十册 何義門校藏 （07640）

此汪立名一隅草堂刊本。何義門用朱筆評校，所據有北宋本、鈔宋本、蘭雪堂活字本、田刻本、黄氏、馮氏校本，並以《才調集》、《文苑英華》、郭茂倩《樂府詩集》等互相核訂，正譌補逸。有時參以己意，或證以前賢之説，亦必敘明，無一字稍涉輕率。别有朱墨筆色澤稍淡，字較瘦弱者，注重音義，兼有糾正義門校注之處。頗具隻眼，亦非淺人之筆。

何義門題記 聞之錢遵王云，絳雲樓舊有廬山本《白集》，燬於庚寅之災。然此本亦非唐時所藏故物刊刻。陸放翁《入蜀記》云：「白公嘗以文集留草堂後廔，已逸。真宗皇帝嘗令崇文院寫校，包以斑竹帙送寺，建炎中又壞於兵。今獨有姑蘇板本一帙備故事耳。」是以黄山谷類編生平之詩内外篇者，乃照崇文寫校之本。南宋以後，則所藏廬山者，又不過姑蘇板本，了無異人處也。讀《白集》者，但得宋本便佳，非必以廬山爲甲云。康熙癸未，何焯記于南薰殿之直廬。時立秋前二日也。

又題 齊己《白蓮集》有《賀行軍太傅得白氏東林集詩》云：「樂天歌詠有遺編，留在東林伴白蓮。百氏典墳隨喪亂，一家風雅獨完全。嘗聞荊渚通侯論，果遂吴都使者傳。

仰賀斯文歸朗鑒，永資聲政入薰絃。」觀此則書歸高氏。或傳秦王從滎取去者，非也。以上在卷一末。

又題　甲戌正月二十二日燈下，爲魯田族校《白集》，讀此詩數遍，放筆浩歎，起行數巡，深媿不能堅守故山，碌碌緇塵也。在卷二《續古詩》第六首後。

又題　己卯皋月，復以元板郭茂倩《樂府》，勘此五十篇，又改正五字，然皆所能知者。郭本每篇字句之數，亦無異同云。焯又書。在卷四末。

庚午十月十三日夜，夢至一仙山，一老人乞桃二枚，鮮如胭脂，其香噴鼻。私念冬月安得有此。遽取一枚，噉其半。顧同遊四、五人皆懷之不食，欲置而甚貪其味，遂因噉之至盡。俄有神將四、五人至，視余曰：「此有仙分，惜已老矣。」復遍視同遊者曰：「皆不如此人。」因謂余「亦可以學仙，但爾心甚放，非鍊禁一年，未可授以藥訣也。」余唯唯。神將遽取大鏈鏁余山石上，余亦不以爲苦。俄復見汪武曹至，余語之曰：「我已學仙，以放心難收，故鎖禁于此。家中故不知也。我無子、妻，雖窮苦，然亦可脱屣置，獨我父望子甚切，而身忽作道士，無以慰親心耳。」因涕下不已，且謂汪曰：「愛緣未斷，恐愛學仙亦終不成也。」遂寤。淚痕猶沾漬枕上，曉光已動矣。時方寓居京師外城永甯僧舍。在卷十二《和夢遊春詩》上闌。

又題　己巳春日校。少作自不足存，如《古原草》之屬，編爲分集可耳。在卷十三末。

又題　閱《白詩》至疑「自」字之訛。十三卷至此。其間清辭麗句，固是曠世逸才。然其旨趣所存，不出于歎老嗟卑，抑何其胸次之不廣也。在卷十八末。

又題　十月初九日燈下，閱二十三卷至二十五卷，雖不甚倦，然亦眼澁舌枯，不能復坐矣。在《後集》卷八末。

又題　甲戌正月晦日，爲魯田校此集。是日大雪，是不能無望于有燮理之責者。漫記之。庚辰十二月初七日復校。至此適逢大雪。在《後集》卷十末。

又題　十月十一日閱完。此卷未閱者，惟古體詩自第一卷至第十二卷耳。兩日適有足疾，故稍得從事於古人書，然俗客未嘗不時來相擾也。

又題　庚辰立冬日，爲□和選公詩粗涉一過。稍讀杜老集，嫌□□味短，未知竟何如也？

326 樊川文集二十卷外集一卷别集一卷　明覆宋本　六册　王鐵夫、陸香圃舊藏　（07641）

唐中書舍人杜牧字牧之撰。卷首裴延翰序，前四卷及《外集》、《别集》爲詩，餘十六卷爲文。半葉十行，行十八字。宋諱「玄」、「朗」、「敬」、「驚」、「警」、「鏡」、「弘」、「殷」、「匡」、「筐」、「貞」、「徵」、「讓」、「桓」、「構」、「彀」、「慎」等字多闕筆，蓋沿宋版舊式，未加改削。錢遵王云：「《牧之集》舊人從宋本摹寫者，新刻校之，無大異。」此翻宋雕之佳也。

藏印　鷗舫珍藏　經訓堂　三間草堂

327　姚少監詩集十卷　明鈔本　一册　毛子晉、黄蕘圃舊藏　（07642）

前五卷鈔筆極舊，「殷」、「敬」、「真」等字間有缺筆。半葉十行，行十八字。後五卷補寫，行款同。前五卷有朱筆點校，殆出汲古主人之手。

毛子晉跋　《唐書》載合于《姚崇傳》中，甚略。余按：合乃宰相崇之曾孫，未詳其字。元和十一年，李逢吉知舉進士，調武功主簿，世號姚武功。又爲富平萬年尉。寶應中，歷監察殿中御史、户部員外郎，出荆、杭二州刺史，爲户、刑二部郎中、諫議大夫給事中，陜虢觀察使。開成末，終祕書監。與馬戴、費冠卿、殷堯藩、張籍游。喜採僧詩，如清教云「香連雲舍像」，雲容云「木末上明星」，荆州僧云「犬熟護鄰房」，吟之不輟。李頻師之，方玄英哭之云：「入室幾人爲弟子，爲儒是處哭先生。」仰止極矣。隱湖晉潛在，丁酉春朝識于追雲舫中。

又跋　天啓丁卯，余梓《極玄集》，迺姚武功取王維至戴叔倫二十餘人詩一百首，曰：「此詩家射雕手也。」遂願遘其本集，卒不可得。偶閱《緇林法語》，見「移花兼蝶至，買石得雲饒」十字，叱謂「禪悟後語」。既讀主客圖，方知出武功手。繼從紀事，又讀「一日看除目，終年損道心」，豈食烟火人能道隻字。廣搜博訪，十有餘年，真所謂求之不得，寤寐思服也。迨崇禎壬午秋，忽從錫籠中獲此本，凡十卷，蓋吾宗圖記，印抄宋刻。豈武功有靈，錫我百朋耶！擊節欣賞三日夜，急授諸梓。未知海内亦有如飢如渴如余者否？但未及招與公于臨頓里中，亦用率更筆法，與浪仙長吉媲美，洵一恨事。晉又識。【子晉】

又跋　此浙本也，川本編次稍異。余向藏宋治平四年王頤石刻武功《縣中詩》三十首，詮次不同：縣去京城遠，一；方拙天然性，二；微官如馬足，三；縣僻仍寥落，四；簿書多不會，五；曉鐘驚睡覺，六；自下青山路，七；性疎常愛卧，八；日出方能起，九；客至皆相笑，十；一日看除目，十一；作吏荒城裏，十二；誰念東山客，十三；鄰里皆相愛，十四；窮達天應與，十五；閉門風雨裏，十六；朝朝眉不展，十七；簿籍誰能問，十八；腥膻都不食，十九；宦名渾不計，二十；假日都無事，廿一；一官無限日，廿二；朝朝門不閉，廿三；欲依循循術，廿四；漫作容身計，廿五；主印三年坐，廿六；長憶青山下，廿七；自知狂僻性，廿八；作吏渾無思，廿九；門外青山路，三十。其字句差池，夾注行間。石本今已失去，每咏《表聖亡書》「久似憶良朋」之句，爲之泫然。晉又識。下鈐「毛印鳳苞」白文方印、「一字子九」朱文方印。

黄蕘圃跋　余向藏《姚少監集》，止五卷，殘宋刻也。頃從小讀書堆收得毛子晉舊藏《姚集》。前五卷審是明人鈔本，後五卷似後來鈔補。不知與前五卷是一是二否？子晉但云：「此浙本也，川本編次稍異。」今取殘宋刻對之，果異。蓋相傳殘宋刻是蜀本，當即子晉所云川本，而與此之川本異者，宜其説之合也。唐人詩集舊刻，面目往往不同。附存其説于此，以諗好古者云。己卯秋，復翁。

藏印　毛晉私印　子晉父　毛印鳳苞　一字子九　毛仲辛氏　玉室圖書　玉瑞花仙　東吴毛氏圖書　西河生　隱湖　黄印丕烈　復翁　平江黄氏圖書　士禮居藏

328　唐甫里先生文集二十卷　明成化刊本　六册　(07643)

題「笠澤陸龜蒙字魯望著」，「崑山嚴景和重刻宋葉茵輯本」。卷一至十三，古今體詩；卷十四、五，賦；卷十六至十九，雜著；卷二十，附録。前有成化丁未邑人陸釴序，次林希逸序，胡宿《碑銘》。《四庫》所收爲萬曆許自昌刊本，即由此出。

藏印　小房李山　山中人弘景　于氏修父　柯溪藏書　子孫永保

329 陸魯望文集八卷 明鈔本 二册 汪退谷舊藏 （07644）

卷首元符庚辰樊開序，次龜蒙自序，次目録。每卷首行書名下題「笠澤叢書」四字。然《笠澤叢書》以甲、乙、丙、丁爲序，後附《補遺》、《續補遺》，前後共五卷，與此不合。拜經樓吴氏藏本分七卷，補遺一卷。仁和趙寬夫跋云：「《直齋書録解題》蜀本十七卷，蜀人樊開所刊；《文獻通考》云七卷。『十』字當衍，則七卷爲蜀本無疑，特《補遺》未知何時編入，或《書録解題》及《通考》不數《補遺》耳。」吴氏自跋云：「合諸樊序所云八十餘篇，定爲蜀本無疑。」按是本前七卷凡八十三篇，補遺凡八篇。據趙、吴二氏之説，是此當出於宋刻蜀本矣。

藏印 汪印 士鋐

330 司空表聖文集十卷 鈔本 二册 趙味辛校，汪季青舊藏 （07645）

是書經人用朱筆校過。趙味辛復借知不足齋鮑氏校宋本，用藍筆對校，勘正凡數百字。然宋刻訛誤亦正不少。趙氏復一一是正。是書有蜀刻本，卷目相同，參校一過。此所指出訛字及疑爲「當作某某」者，蜀本每不相合，而轉與鮑本相同。蓋沿襲已久，疑以傳疑，固不能專責南宋學本、坊本之草率從事也。

趙懷玉跋　司空表聖《一鳴集》十卷，金子少權所貽。自宋刻外，未之付梓。知不足齋藏本迺從宋刻對校者。頃復借勘一過，補録連珠八首，其顯然可疑者，則旁注證明。蓋明代刊書，於義有難通者，輒以意改竄，固非良法，而南宋學本、坊本，往往草率譌誤，又不可徒以耳食爲貴也。乾隆丙寅孟秋記。

藏印　古香樓　休甯汪季青家藏書籍　喜曾　相溪永香堂家藏　曾在味辛齋中　宮保世家　趙懷玉信孫氏

331　玄英先生詩集十卷

鈔本　一册　張芙川、汪柳門舊藏　（07646）

唐方干撰。按《愛日精廬藏書志》：「《元英先生詩集》十卷，叢書堂抄本，汲古閣藏書。前有《元英先生傳》，孫郃撰。後有集外詩兩首，《文獻通考》等書十三則。乾甯丙辰王贊序，毛晉手跋二篇。」是本必從之傳録，故悉相同。

藏印　琴川張氏小琅嬛清閟精鈔祕帙　小琅嬛福地　小琅嬛福地繕鈔珍藏

332 韓君平集三卷　明萬曆刊本　一册　曹楝亭、敷槎堇齋舊藏　(07647)

唐南陽韓翃君平撰。前有萬曆四十一年江元禧序，每卷書名次行均題「虎林江元禔邦宜甫校」。《全唐詩》所收翃詩，是本所有者盡數采録，編次亦大致相同。是必以此爲祖本。尚有《經月巖詩》五古一首，《送劉長上歸城南別業》、《贈張五諲歸濠州別業》五律二首，《送客還江東》、《寄令狐尚書》、《扈從郊廟因呈兩省諸公》、《留題甯川香蓋寺壁》七律四首，《寄柳氏》長短句一首，均出於是本之外，則必采自他書也。

藏印　楝亭曹氏藏書　長白敷槎氏堇齋昌齡圖書印　聖雨樓　查氏有圻珍賞圖書　查映山讀書記　昌平王氏北堂藏書　胡致果圖書記

333 浣花集十卷　明鈔本　四册　(07648)

江陰朱氏文房本。卷末朱子儋跋曰：「韋莊字端己，見素之孫。唐昭宗乾甯元年進士，授校書郎。王建開僞蜀，莊時在華州駕前，遷起居舍人，後爲蜀相卒。所著有《浣花集》。其弟藹嘗爲作序，今不存，姑缺之。既刻其集，又考得遺詩二篇，附後作補遺云。」是本與朱氏文房本行款全同，當必從之傳録。

藏印　覃溪　嘉興方氏子怡珍藏　永祺鑒古　季直真賞

334－1　徐公文集三十卷　鈔本　八册　黄蕘圃校藏　(07649)

舊鈔本。半葉十行，行十九字。語涉宋帝多空格或提行，遇高宗諱及嫌名均作「今上御名」，孝宗諱作「御名」。卷首有胡克順進書表及批答、陳彭年序，卷末附行狀、墓誌、晏殊後序、徐琛跋。黄蕘圃據影宋本校勘，並補鈔目録三葉。惟《武烈帝廟碑銘》「告禎符於」下三百六十字，《筠州清江縣重修三清觀記》「其守固者其事舉道」下五十餘字均闕。

黄蕘圃跋　余向欲蓄《徐騎省集》，即新鈔本亦不多得。既聞吴枚菴茂才貧而蓄書，遇善本多手鈔者。訪之，已質他姓。多方往求，始得一見。末有跋語，是金侃亦陶者，云此書錢宗伯從宋大字本縮爲小字本録出。擬借鈔，苦其多而未就，已置之矣。後從香嚴周氏談及是書，云有影宋大字本，遂丐歸展讀。適書友自錫山故家收得鈔本，較吴本頗舊，行款亦與影【鈔】宋本大同小異。爰竭數日功，手校其誤，雖縮本仍然，而宋本面目約略可見。宋本亦有訛脱，鈔本間有空格處，當是按其文義，以意存疑。此時悉據宋本校勘，不敢輕易。佞宋之譏，識者諒之。宋本遇宋諱避之甚嚴，知宋本確然可信，而影寫者纖悉遵之，知非貿貿傳録之本矣。嘉慶庚申七月白露節後七日，書於聯吟西館。黄丕烈。

藏印　黃丕烈　蕘圃手校

334－2　又一部　鈔本　十六册　貝簡香、汪閬源、章紫伯舊藏　(07650)

前後表、答、序、跋及行狀、墓誌，均同前書。此爲友漢居貝氏鈔本。語涉宋帝或提行或空格，高宗諱及嫌名作「今上御名」，孝宗諱作「御名」。《武烈帝廟碑銘》、《筠州清江縣重修三清觀記》闕文均如前書，是必同出一本。惟宋諱「玄」、「弦」、「衒」、「朗」、「敬」、「警」、「驚」、「鏡」、「弘」、「殷」、「匡」、「恒」、「貞」、「徵」、「樹」、「署」、「勗」、「讓」、「桓」、「完」等字均闕筆，比前書爲嚴。原鈔間有譌脱，貝簡香以袁氏五硯樓藏本校過。

藏印　平江貝　汪士鐘　章印
大手校　讀書　綬銜
章氏　苕上章　翼　詵　子　其
紫伯　仔百流　堂章氏所　晉　枚
所藏　覽所及　得之書

【藏印　子辟實貴、紫伯、紫百、綬銜章印、綬銜、章氏紫伯鑒賞、章氏子伯過目、紫伯過眼、紫伯秘翫】

335　忠愍公詩集三卷　明嘉靖刊本　二册　(07651)

《寇忠愍詩》，宋宣和五年王次翁首刻於道州。至隆興改元，辛斆又以王板重刻於邗上。是本卷末有嘉靖乙未王承裕記，謂：「有録藏舊本，零陵蔣君鳌取而刻之。」凡遇「太宗」、「真宗」字均提行，「御製」、「聖旨」字均空格。蓋必依王、辛二氏刊本傳録，故悉存宋板舊式。儀顧堂陸氏藏有是書，跋稱：「以舊鈔本校之，得正譌字數十處。」所舉如卷上「山積瓌材咸備矣」句，「材」譌「村」；「天安殿致齋」句，「天」譌「大」；卷中「深歎高堂養獨違」句，「違」譌「遲」；卷下「宵殘猶伴吟」句，「伴」譌「半」，是本亦誤。惟所稱卷上「懷柔祝帝禧」句，「禧」譌「僖」；卷中「何當歸釣渚」句，「歸」譌「窮」；「野鶴漸無驚弋意」句，「漸」譌「慚」；「夜深窗竹動秋聲」句，「深」譌「聲」；卷下「已甘垂樹杪」句，「杪」譌「抄」，是本却不誤。陸氏又稱「澤流紓宇福蒼生」句，「福」譌「含」，是本作「澤流綿宇福含生」，「紓」蓋誤刻，「福」字亦不譌，譌者殆指「含」字。然卷上「奉和御製南郊禮成」，明有「福浸含生臻富壽」語，是「含」非譌字也。又稱卷中「蜀客似悲秋」句，「客」譌「魄」。按詩中「蜀」、「魄」字，凡三見。卷中《春望書事》，「春色難甘蜀魄催」；又《書懷寄郝監軍》，「望盡巴山蜀魄飛」，是「魄」亦非譌字也。又稱卷中「江頭別去欲何之」句，「去」譌「來」。按下句「數盃酒盡又南去」，「去」字不應複出。是「來」字譌而「去」字亦譌也。外此未舉出者尚多，玆不贅述。

336 王黄州小畜集三十卷 校鈔本 四册 錢遵王、曹彬侯、徐紫珊舊藏 (07652)

前有紹興丁卯歷陽沈虞卿序。卷一、二，賦；卷三至十三，詩；卷十四至三十，文。

無《外集》。昔人以宋本校勘，並記行款。

藏印　虞山錢曾遵王藏書　曹炎印　彬侯　徐豫　上海徐豫石史收藏書畫金石經籍記　石史所藏金石書畫記　曾爲徐紫珊所藏　詩禮傳家　无求於世

337－1　范文正公集二十卷政府奏議二卷尺牘三卷雜録不分卷

元元統刊本　文集存十二至二十卷　九册　（07653。著録作「元天曆、至正刻明修本」）

《文集》半葉十二行，行二十字，《附録》同。《奏議》、《尺牘》每行增二字。《奏議》目後有「元統甲戌褒賢世家歲寒堂刊」篆文圖記。卷末有元統二年八世孫文英跋。《尺牘》後亦有至元再元丁丑文英短跋四行。《附録》首富弼、歐陽修、王安石、韓琦祭文，次文英重刊番陽別本總跋，次朝廷優崇公牘，次吴中山東西夏堡塞遺跡，次洛陽塋墓紀載，次祠廟、義田、義莊、義宅、義學、書院諸記。蓋當時隨得隨刻，故編次並無倫序，且文字亦比明覆本爲少，意者已有遺佚歟。

337－2　又一部政府奏議二卷

版本同前　四册　朱石君舊藏　（07654）

版本、行款，悉同前書。初印極清朗。所鈐汲古閣、毛氏家藏二印，皆僞造。

藏印　朱印 珪　書史 之記

【藏印　河東席尚謙記】

338　徂徠文集二十卷　鈔本　三册　黄蕘圃、顧湘舟舊藏　（07655）

宋徂徠石介守道撰。每卷目連正文。《四庫提要》：「第四卷内《寄元均》、《叔仁》、《讀易堂》、《永軒暫憇》四詩，有目無文。」此本尚存。惟孫淵如藏本前有總目，末附歐陽文忠所撰墓誌銘一首、詩二首，此均佚。

仲卿氏題　此今年八月中在湖上時所購得也。膪寫不甚工，而察其紙色，頗有舊意，則亦數十年前物也。既楷書謝山先生跋語於卷端，因記數字於後。嘉慶戊寅歲暮，仲卿題於杭城太平橋寓舍。【卷首】

顧湘舟題　道光庚子八月廿九日，得于興賢堂。用番銀四餅，因其爲希有之本也。湘舟記。卷末

【全祖望跋　徂徠先生嚴氣正性，允爲泰山第一高座，獨其析理有未精者。其論學統，則曰「不作符命，自投於閣」，以美揚雄，而不難改竄《漢書》之言以諱其醜，是一怪也。

其論治統，則曰「五代大壞，瀛王救之」，以美馮道，而竟忘其長樂老人之謬，是一怪也。涑水亦不非揚雄，然猶爲之周旋其辭，謂其墨何、鮑之禍，而委蛇爲之。即南豐以爲合箕子之明夷，雖其言亦失《春秋》之意，要未若徂徠之武斷。夫欲崇節誼而乃有取於二人者，一言以爲不知，其斯之謂歟？謝山全祖望。卷首。】

藏印　長州顧沅　湘舟收藏　壹菴　蕘圃　經籍金石　植　長壽　鑑藏　書畫之印

339　蘇魏公文集七十二卷　鈔本　二十四册　何夢華、陸存齋舊藏　（07656）

卷首紹興九年汪藻序，謂：「公殁後四十年，公之子攜始克輯公遺文。是此集至南宋始有刊本。」是本文字涉及宋帝處均提行或空格，「構」字均注「太上御名」。有若干卷目録連正文，猶是宋刻舊式。

340　直講李先生文集四十卷　明正德刊本　六册　朱竹垞舊藏　（07657）

首祖無擇序，次李覯自序，次明成化禮部行江西布政司看護墳墓量立祠宇公文，次羅倫修墓記，次陳鑑新建祠堂記，次年譜。《集》凡三十七卷。卷一首行書名，次三、四行題

「後學南城左贊編輯」,「後學廣昌何喬新校正」,「知南城縣事楗爲孫甫訂刊」。文三十四卷,多爲學論治之作。詩僅三卷。《外集》三卷,皆制誥、薦章及書簡、詩序、墓銘之屬。後附《門人録》,殿以正德戊寅孫甫刊版後序。

藏印 朱彝尊錫鬯父 小長蘆 盱台王氏十四間書樓藏書印 彭緑軒圖書印 寶槐書屋

341 洛陽九老祖龍學文集十六卷 鈔本 四册

題「龍圖閣學士左諫議大夫上柱國范陽郡開國侯食邑二千八百户賜紫金魚袋祖無擇撰」。第一至第四卷,古詩、七言四韻、五言四韻、絶句詩;第五、六卷,唱和詩;第七卷,長書并記;第八卷,序;第九卷,書并神道碑銘、墓表、祭文;第十卷,雜文;第十一、十二卷,附名臣賢士詩文;第十三至十六卷,家集。後附《祖氏源流》、《龍學始末》。卷末有紹定己丑趙國體後跋。

342 太史范公文集五十五卷 鈔本 六册 蔣香生舊藏 (07658)

宋范祖禹撰。前後無序跋。卷一至三,詩;卷四至十二,表狀、劄子、附笏記;卷十三至二十六，奏議；卷二十七，進故事；卷二十八至三十三，翰林詞章，附樂語；卷三十四，啓狀；卷三十五，賦論、策問；卷三十六，記、序、銘、書；卷三十七，青詞、祭告文、哀詞、誄文；卷三十八至四十四，墓誌銘、神道碑；卷四十五至五十二，皇族墓誌銘；卷五十三、四，皇族追封記、石記；卷五十五，手記。篇中語涉宋帝均空格，卷十一注「哲宗舊名」、「徽宗廟諱」者各一，猶存宋本舊式。昔人以朱筆校過，訛奪未盡糾正。

藏印　茂苑香生　蔣鳳藻秦　漢十印齋　祕篋圖書

343　伊川擊壤集二十卷　明成化刊本　四册　(07659)

卷首成化乙未希古序。序末有「梅雪軒」、「讀書清暇」兩木記。卷末庚子洛人畢亨刊書跋，略謂：「先得是集欲壽梓未暇，後尹應天始克刊行。及致政，特取此板回洛。郡守劉尚文刱建安樂窩書院，授以此板。劉公爲補其殘闕。」云云。希古爲明代唐藩，前史部《直説通略》孫淵如《記》攷之甚詳。名王好學，亨特乞言爲是書增重也。全集二十卷，卷末有集外詩。葉次每十卷各排長號。前後舊序二：一、治平丙午邵雍自序，一元祐辛未原武邢恕後序。陸存齋以所藏元刻校汲古閣刊本，增詩五十餘首。是本所增正同。惟

《龜山語録》所稱「誰信畫前元有易，自從删後更無詩」二語，是本亦佚。

344 節孝先生文集三十卷 明覆宋本 十册 汪閬源、繆小山舊藏 (07660)

卷首節孝小像，趙良珏、玉霄賓、祖可、李秀發讚，次淳祐庚戌王夬亨序，次目録。目録後有「迪功郎淮安州州學教授翁蒙正景定甲子孟秋初吉重行編次校定」二行。又《事實》一卷及諸君子帖。卷三十後附載李邴《楚州教授題名記》，又有紹興戊辰跋一則，不著作者之姓。但稱「萃備員山陽，太守王直閣得先生遺稿，命萃鏤板，以廣其傳」。夬亨序謂「山陽舊板燬於兵」，當即指此。末附《節孝先生語》一卷，門人江端禮録。又乾道己丑許及之跋。半葉十行，行二十字。版心無書名，但記一、二、三、四、五册。此明嘉靖淮安兵備副使劉祐翻雕宋本。舊爲繆小山所藏，其藏書記定爲元刻，恐誤。

藏印 汪印士鐘 閬源真賞 繆印荃孫 荃孫 藝風審定 雲輪閣 會稽章氏藏書 繹經室

345 歐陽文忠公文集五十卷 明洪武刊本 十二册 沈十峯舊藏 (07661)

首蘇軾序。每卷書名次行題「臨江後學曾魯得之考異」，卷後題「熙甯五年秋七月男發等編定」，亦有並題「紹熙二年三月郡人孫謙益校正」者。《考異》以孫氏本爲主，而别取所謂家本、宣本、吉本、蘇本爲之參訂。故人王静菴極重此本，嘗謂：「孫本校勘之根據，得從此本窺見一二。體例於《韓文舉正》爲近。元、明人校書，當以此爲第一。」云云。曾氏《明史》有傳，歿於洪武五年。是此書必成於元末明初。卷二十四、三十五、五十末，均有「旹柔兆攝提格縣人陳斐允章重校」一行。以曾氏成書時代推之，此丙寅非元泰定三年，當爲洪武十九年。半葉十二行，行二十一字。版心下記刻工姓名，有士通、付彦成、劉侍者、詹理、周壽、葉壽、付名仲、連彦博、熊汝敬、林安、徐子中、潘晉、肖奇、章毫、陳士達、張名遠、劉宣、虞亮、劉伏、羅六、黄子名、虞子德、官永茂、六晏、黄保、吴福諸人，與元刊《遼》、《金》二史刻工相同，或經始於元末而畢工於明初也。

346 居士集五十卷 明覆宋本　二十四册　(07662)

卷首錢溥序，次《文忠公年譜》，次蘇軾序。每卷首行上題「居士集卷第幾」，下題「歐陽文忠公集幾」。卷末均有「熙甯五年秋七月男發等編定」、「紹熙二年三月郡人孫謙益校正」二行。後附校記若干條。半葉十行，行二十字。是爲海虞程宗翻刻廬陵全集本。卷中所鈐錢叔寶、季滄葦、明善堂諸印記，皆僞造。

347－1 范忠宣公文集二十卷 元元統刊本 八册 袁漱六舊藏 （07663。著録作「元刻明修本」）

半葉十二行，行二十字。前有四明樓鑰序。《集》僅十七卷，後三卷爲國史本傳、行狀。卷中語涉宋帝或提行或空格，遇「構」字註「高廟諱」，「惇」字註「光廟諱」。

藏印 袁印芳瑛 袁芳瑛印 漱六 漱六 湘南袁氏藏書之印 古湘南袁氏藏書畫印 卧雪廬袁氏藏書 家居涓水北 香書

347－2 又一部 版本同前 八册 （07664。著録作「元刻明修本」）

是本與前書同一版刻，惟元姪孫之柔及沈圻廖視序、清源陳宗道跋均存。中有孫昌世補葉，墨丁亦比前書爲多。

藏印 河東席尚謙記 河東席尚謙印 至菴主人

348 蘇老泉先生全集十六卷 明萬曆刊本 二册 徐電發、張叔未舊藏 （07665）

《四庫》著録，凡十六卷。同時館臣所見者，一徐乾學藏本，二邵仁泓刊本。分卷雖同，而邵本視徐本乃減若干篇。是本一無所闕，當與徐氏藏本同，舊爲徐釚所藏。釚並彙輯薦狀、哀辭、挽詩、墓誌銘、墓表、本傳等爲附録，手自繕寫，列於卷尾。釚字電發，號菊莊，吴江人，舉康熙己未科博學鴻詞。今録其題語三則於後。

《蘇老泉集》舊稱二十卷。《宋史·藝文志》曰《集》十五卷，《别集》五卷。《文獻通考》曰《嘉祐集》十五卷而無《别集》五卷。鄭樵《通志·藝文略》曰《老蘇集》五卷，又《嘉祐集》三十卷。今世所行，有曰《重刻嘉祐集》者，嘉靖間太原守張鏜刻，十五卷，文多不備；有曰《重編嘉祐集》者，崇禎十年仁和黄燦、黄煒較訂，凡二十卷，有附録歐陽文忠公、張方平《墓志銘》、《墓表》及曾南豐《哀辭》、《宋史文苑傳》等篇。而上張益州一書，亦諸本不載，攷《四川志》補入。今此本曰《蘇老泉全集》者，刻於萬曆間，較太原本稍備。余購得之，再以黄氏所刻互爲參訂，增入上張益州書一篇，並附《墓志》、《表》、《傳》於後。康熙甲戌正月梅花開日，鞠莊徐釚手書於松風書屋。

吴下布衣馬調元曰：「老泉，固子瞻號也。嘗見子瞻墨蹟，其圖書記曰『東坡居士老泉山人』八字，合爲一章，且歐、曾諸大家所爲《誌銘》、《哀輓詩》具在。有號明允以老泉者乎，歐公有稱老蘇以别之之句，世或緣此相誤耳。」其説似爲可聽，然今世皆稱老泉矣。此不足辨也。

《石林燕語》云：「子瞻謫黄州，號東坡居士。東坡其所居地也。晚又號老泉山人，以眉山先塋有老翁泉，故云。」

藏印 菊莊徐氏藏書 虹亭徐釚 虹亭太史之章 電發 清儀閣 静孋祕玩 一經後人范文安珍藏

349－1 臨川先生文集一百卷 宋刊元明補本 三十二册 (07666)

《鐵琴銅劍樓藏書志》定爲臨川曾孫珏刊本。前有紹興辛未王珏小序，此佚。半葉十二行，行二十字。卷首有總目，每卷有分目，目連正文。宋諱「玄」、「弦」、「鉉」、「眩」、「眺」、「敬」、「擎」、「驚」、「竟」、「境」、「鏡」、「殷」、「慇」、「恒」、「徵」、「懲」、「讓」、「署」、「樹」、「豎」、「裋」、「勗」、「煦」、「垣」、「姮」、「洹」、「完」、「遘」、「覯」、「篝」、「勾」等字均闕筆。英宗未入嗣前，原名宗實，此亦避，稱「英宗舊名」。又「桓」字作「淵聖御名」，「構」字作「御名」。此爲紹興刊本之證。原版左右雙闌，版心白口，下記刻工姓名，其可辨識者有金彦、史祥、金昇、李彦、董暉、徐明、趙宗、何通、惠立、昌旼、陳忠、李祥、陳叙、馬通、牛志、葉先、王受、徐益、徐安、方榮、丘甸、王份、沈昇、嚴昌、項中、蔣成、施澤、曹成、嚴富、章宇、顧諲、牛寔、劉益、沈善、戴安、江泉諸人。其闊黑口及筆意圓潤者，皆補版。稍有闕葉、闕文，均鈔補。

349－2 又一部 版本同前 三十二册 (07667)

卷首吴澄序，謂：「金谿危素，慨公集之零落，搜索諸本，增補校訂，總之凡若干卷。」

所謂零落，即係殘闕；所謂增補校訂，即係補刊。是此實補修於元，而中有明補者，當係刊於草廬太樸之後。卷首總目外，又有分卷細目，爲前書所無。此爲明襄陵縣學官書，茲録所鈐木記如左。

此國子祭酒邑人邢讓所置者讓爲
諸生時苦無書讀及入官得書寖多
又苦不能讀矣數書乃二十餘年交
游饋遺及俸貲購求者鄉邦後進能
及時致力其間斯不苦讓之苦也披
録肄習時加愛護遇有缺壞即爲修
補此士君子高致也其或據於勢家
掩爲己有均爲盛德之累百爾君子
宜留心焉成化己丑夏五月讓謹白

襄陵縣學官書

藏印　鹽官孫氏　鳳鈞之印　孫銓百　東門猬者

350 重刊蘇文忠公全集一百十卷

明嘉靖刊本　二十八册　方長卿　劉麓樵舊藏　（07668）

此覆明成化刊本也。卷首有成化四年李紹序，繼以年譜、本傳、墓誌銘。《集》凡七種：曰《東坡集》，曰《東坡後集》，曰《東坡奏議》，曰《東坡内制》，曰《東坡外制》，曰《東坡應詔》，曰《東坡續集》。卷末有「嘉靖十三年江西布政司重刊」、「南豐縣教諭繆宗道校正」二行。

藏印　方震　方長卿　應韜　長卿收藏　劉漢臣字麓樵　泰州劉麓樵購于揚州癸丑兵火之後

351　王狀元集百家注分類東坡詩二十五卷　宋刊本　十二册　盛伯羲、張文襄舊藏　(07669)

卷首西蜀趙夔堯卿、狀元王十朋龜齡二序。次註詩姓氏，首黄魯直，殿以十朋兄弟三人，凡九十六家。姓氏後有「建安黄善夫刊于家塾之敬室」牌記二行。次僊谿傅藻《東坡紀年録》。次門類，起《紀行》，迄《雜賦》，凡七十九類。次目録。首行書名，次行題「前禮部尚書端明殿學士兼侍讀學士贈太師謚文忠公蘇軾」。半葉十三行，行二十二字，小注雙行，行二十七字。語涉宋帝均空格，宋諱或避或不避。按《蘇詩王注》，《四庫》所收者二十九類，趙夔序則稱五十類，建安萬卷堂本增爲七十二類，虞平齋務本書堂本又增爲七十八類，此更廣爲七十九類。蓋蘇詩風行一時，坊肆競相雕印，假託名人，誇多鬬富。原書聲價，可勿深論。黄善夫爲建陽名肆，嘗刻《史記正義》，見前史部，鐫工精湛，有銀鈎鐵畫之觀，是集足相頡頏。前四卷印本稍後，餘均初印，紙墨俱勝。在南宋坊本中，洵推上乘。

藏印　張之洞審定舊槧精鈔書籍記　宗室文愨公家世藏　聖清宗室盛昱伯羲之印　周澍印　魯望氏　萬物過眼即爲我有

352　欒城集五十卷後集二十四卷三集十卷　明活字本　三十六册　(07670)

前後有嘉靖劉大謨、王珩刊書序，崔廷槐跋。卷首蘇文定公謚議。卷末附淳熙鄧光跋，曾孫詡、四世孫森二跋。詡跋後有校勘官、文林郎筠州軍事判官倪思，從政郎充筠州州學教授鄧光，奉議郎知筠州高安縣事閭丘泳銜名，凡四行。

353　淮海集　宋刊本　存九卷　一册　(07671)

所存者卷二十一至三，論；卷二十四、五，傳説；卷二十六、七，表；卷二十八、九，啓。與嘉靖張綖本編次相同。半葉十行，行二十一、二字。板心上記字數，中題「秦卷幾」，下記刻工姓名。所存各卷有劉仁、劉志、潘正、曲釿、劉文、劉玉、周价、劉元中八人。友人葉玉虎近印故宫及吴氏藏本《淮海長短句》，行款板式與此均合，且刻工姓名同者四人，可斷爲同一版刻。宋諱「敬」、「徵」、「桓」、「構」、「慎」、「敦」等字，均闕筆，甯宗嫌名

「擴」、「廓」、「郭」等字不避，當刊於光宗之世。常熟瞿氏有殘宋刻，行款不同，爲甯宗時蜀中刊本。稍一對勘，微見差異。

354 參寥子詩集十二卷 宋刊本 四册 黄子羽、季滄葦、徐健菴、黄蕘圃、汪閬源、吴平齋舊藏 (07672)

宋僧道潛撰。題「法孫法穎編」。前有寫補陳無己序。《四庫提要》謂：「題作集序，與序語相乖剌，疑傳寫者妄改。」蕘圃據馬氏《經籍考》駁之。然此序見《后山集》卷十一，實作《送參寥序》。惟此係補寫，有無固無足重輕耳。《百宋一廛賦》「參寥歸攝六之物」，注云「《參寥子詩集》十二卷」。驗其收藏，最先爲蓮鬚閣舊物，有「黄子羽讀書記」小印，即此書也。半葉十一行，行二十四字。版心下記刻工姓名，有張用、江彦、李詢、郭小六、小五數人，間有兼記字數者。紙質瑩潔，書法勁秀，洵爲宋槧上乘。

黄蕘圃跋 《參寥子詩集》明刻本，余向亦有之。若宋刻本，於數年間曾聞池上書堂有之，然未之見也。比來家事攖心，置買書籍，頗不易易。非特宋刻書日少一日，即有之，而余收書之力亦日難一日也。遷居縣橋以來，葺小廬，屬南雅庶常題曰「百宋一廛」，日坐其中，檢點古刻，成一簿録，謂之《百宋一廛書目》。蓋余好書之心，不因力歉而稍衰焉。余友陶君蘊輝，雅善識古，並稔知余之所好在古刻。昔余所收者大半出其手。兹復以宋刻《參寥子詩集》相示，索直白鏹三十金。余亦無如之何，勉購以增《書目》之光云爾。世行本向傳有二，以法嗣法潁編者爲勝。此其是也。惜余明刻本尋訪未得，無從證其同異。至于卷端序文，雖係鈔補，而以貴與《經籍考》證之，當不謬。若以爲此序是《錢參寥禪師東歸序》，而非《高僧參寥集序》，是并《通考》而昧之，奚足與論古哉。嘉慶歲在癸亥閏二月望後一日，蕘翁黃丕烈識。

光緒五年己卯冬十月十三日，新建勒方錡、吳縣潘遵祁、中江李鴻裔、元和顧文彬、長洲彭慰高、吳縣潘曾瑋、歸安沈秉成，集吳氏聽楓山館同觀，因記。下鈐 成 文彬 西圃 曾瑋之章 慰高私印 李觀鴻裔 臣勒方錡 悟九 諸印。

藏印 黃子羽讀書記 季印振宜 滄葦 季振宜藏書 徐健菴 黃印丕烈 復翁 蕘翁 蕘圃卅年精力所聚 士禮居 汪印士鐘 閬源真賞 吳雲私印 吳平齋讀書記 吳平齋祕篋印 兩罍軒 歸安吳氏兩罍軒藏書印

355 嵩山集二十卷 鈔本 七册 曹倦圃舊藏 （07673）

《四庫》著録，稱《景迂生集》。此題《嵩山集》，即《提要》所稱「别本」。卷一至三，奏議；卷四、五，古詩；卷六至九，律詩；卷十，《易玄星紀譜》；卷十一、二，别著；卷十三，儒言；卷十四，雜著、策問；卷十五，書；卷十六，記；卷十七、序；卷十八，後記、贊銘、題跋；卷十九、二十，傳、墓表、墓誌銘、塔銘、哀辭、祭文。書中遇「構」字注「太上御名」，「慎」字注「今上御名」。語涉宋帝均空格。卷末有紹興丙子孫子健跋，又乾道丁亥跋，記是書初編十二卷，重編增爲二十卷。兹所流傳，即重編本。

藏印　檇李曹氏倦圃藏書　曹溶之印　潔躬

356 濟北晁先生雞肋集七十卷 鈔本 十六册 秦敦夫、許周生舊藏 （07674）

《愛日精廬藏書志》有舊鈔本，前有補之自序，後有紹興七年丁巳弟謙之跋，謂「所得者古賦騷辭四十有三，古律詩六百三十有三，表、啓、雜文、史評六百九十有三，編爲七十卷，刊於建陽」云云。是本前後無序跋，檢其所收，古賦騷辭視原編減二十，古律詩減十，文減一，似已非建陽初刻之舊。然明顧凝遠刻本稱「照宋刻壽梓」，詩文篇目亦與是本無異，是建陽初刻之外，必有别本。是當從之傳録。卷中語涉宋帝均提行或空格，若非宋刻，固不能有此式也。

藏印　臣恩復　伯敦父　石研齋秦氏印　宗彦私印　德清許氏家藏　戴二蕉珍藏書畫之章　楓溪　臣金棲印　泰州劉漢臣麓樵氏印

357 龍雲先生文集　明弘治刊本　存二十九卷　十一册　汪喜孫舊藏　(07675)

宋安成劉弇偉明撰。《直齋書録解題》謂：「龍雲爲弇所居之鄉，以名其集。」明弘治後别無刊本。前有周必大序。尚有羅良弼、劉璋二序，並卷九至十一，均佚。

藏印　揚州汪喜孫孟慈父印

358 日涉園集五卷　鈔本　二册　孔葒谷校藏　(07676)

宋李彭撰。是本前後無序跋，不審其所自出。《四庫》著録爲《永樂大典》本，《提要》稱鈔撮編次，共得詩七百二十餘首，釐爲十卷。此乃有七百三十七首，分爲五卷，其《次韻慶上人見寄》十章第六首，孔葒谷校補六字，謂據《大典》本添入。卷二末又註「乾隆乙未借劉岸淮同年纂大典散篇校」。既云據《大典》本校，則原本非《大典》本甚明。卷首目録亦葒谷手補。

359 傅忠肅公文集三卷 鈔本 三册 璜川吴氏、愛日精廬張氏舊藏 （07677）

宋傅察撰。察以使金不屈死節，追謚忠肅。前有周必大序，卷中語涉宋帝均空格。有人以朱筆校過，間有脱文，未能補完，蓋遺佚久矣。

藏印 璜川吴氏收藏圖書 祕册 張印月霄 愛日精廬藏書

360 龜山先生集十六卷 明弘治刊本 八册 （07678）

卷首咸淳己巳淥江丁應奎序。卷末弘治辛丑新安程敏政跋，謂：「《龜山文集》三十五卷，久不傳於世。館閣有本，力不足以盡鈔。鈔其有得於心者，重加彙次，爲十六卷。」又將樂縣知縣江東李熙跋，謂：「將樂舊有先生書院，詣京疏請欲崇鄉祀，禄卹其後。因過靳翰林，假閲是編，捐俸刻梓。」云云。

361 丹陽集二十四卷 鈔本　四册　孔葒谷校藏　（07679）

宋丹陽葛勝仲著。文十五卷，詩七卷，詩餘一卷。附録行狀、謚議一卷，與《四庫》著録《永樂大典》本同，此必從之傳録。原本僅有隆興甲寅宋曉、淳熙十三年王信二跋。此有孫覿序及各卷篇名目録，均孔葒谷抄補。

362 苕溪集五十五卷 鈔本　十六册　（07680）

《直齋書録解題》、《文獻通考》，《非有類齋稾》五十卷，給事中吴興劉一止行簡撰。今改名苕溪，又增五卷，必後人所變易。是本前後無序跋，賦及古律詩八卷，文四十四卷，詞一卷。末附行狀一卷，告詞一卷。

【藏印】蔣維基字子垕號厚軒、蔣印維基、子垕所藏、茹古精舍、茹古主人

363 新刊李學士新註孫尚書内簡尺牘十卷 宋刊本　四册　初頤園舊藏

（07682。著録作「元刻本」）

題「左朝奉郎充龍圖閣待制孫覿仲益撰」，「門人李祖堯編註」。首總目，以所與之人

官職分類；次分卷目録，以人爲序。宋諱避至「惇」字，是爲南宋建陽刊本。半葉十二行，小字雙行，行二十二字。江安傅君沅叔曾以嘉靖刻本逐卷細勘，知明本之脱誤不可枚舉。其最甚者，如卷五《與常守王司諫帖》，宋刊爲十六帖，適脱去一葉，明本遂易其句語，蟬聯而下，改爲十一帖。此尚存第十四帖尾數行，明本逕删削之，以泯其跡。卷七《與常守强朝議帖》，脱去半葉，文義全不相屬。卷八《與胡寺丞帖》，脱去五行一百二十六字，又脱《張郎中帖》一百六十一字、《張郎中第二帖》首三十三字。卷十《與鄒承務帖》，脱大字及注二百八十七字；《與撫州疎山白雲如老帖》，脱注文半葉；《與建康清涼交老帖》，脱第一帖注及第二帖。又脱《與常州惠山長老》一帖、《與虎丘達老》一帖、《與平江佛海長老》三帖、《與標公》三帖、《與妙印大師》一帖、《與宜興洞知觀》四帖。觀此益見宋本之可貴。

藏印　鞠文泉之　慶彪　頤園鑑藏　河嶽菴　梅鶴齋藏　乾隆五十有七年遂初堂初氏記

364　高東溪文集二卷附録一卷　鈔本　一册　顧肇聲、汪閬源舊藏(07682)

題「次崖閩銀同林希元茂貞編」，「卓峯江金溪黄直以方校正」。《集》分上、下卷。卷上，上皇帝書五，亡其一；時議六篇，僅存一序；又《乞納官贖罪歸葬親書》一篇，詩三十一首。卷下，記、論、辨、議、説十三篇，贊五首，箴、銘二十六首，詞十二首，啓二首。附録則《朱子褒録奏狀》、《祠堂記》各一篇，又言行録十條。與《四庫》所收悉同。

365 蘆川歸來集

影宋鈔本　存六卷　二册　曹倦圃、蔣香生舊藏　（07683）

《四庫》著録從《永樂大典》輯出，凡十卷，附録一卷。題「宋張元幹撰」。又《别本》六卷，入存目。是爲舊鈔殘帙，即《四庫》所謂「别本」。存卷六、七，卷十二至十四、卷十六。半葉九行，行十六字。篇中遇皇太后、皇帝、皇朝及涉其先人等字均空一格，是必録自其孫欽臣原刻。時人展轉傳鈔，原有卷第，殆未照録。館臣認爲原本，故斥爲編次無緒耳。

藏印　檇李曹溶　蔣香生秦漢十印齋收藏記

366 東萊先生詩集二十卷

鈔本　八册　陳仲魚、嚴九能舊藏　（07684）

宋吕本中居仁撰。卷首贛川曾幾序，謂：「沈公雅以通家子弟，從居仁游。乾道初元，擢守吴郡，暇日裒集居仁詩。次第歲月，爲二十通，鋟板置之郡齋。是爲最初刊本。」是本即從之傳録，顧訛奪甚多，欲覓他本讎校不可得。曩歲余訪書日本，獲見宋刻於内閣文庫，借影攜歸。取對是本，乃知總目全闕，卷六脱《東園》七絶一首，卷七《寄江端本子之晁冲之叔用》五古一首脱二十字，卷八首葉，是本原有空行，所闕者《問晁伯宇疾》五古二首、《高村河決》七律一首、《新霜行》五古前二韻，計其行數，共十有九，加以書名，適成一葉。所最異者，各卷除所脱外，編次均與宋本合，而卷十全卷，乃無一首相同。近晤沅叔，謂得有《居仁外集》三卷按《直齋書録解題》、《文獻通考》，《外集》均二卷。此乃爲其三卷之一。夫《外集》與《正集》並行，《正集》既有闕佚，則外集幸存，更宜珍視。何得取其一而反棄其二？作僞無識，抑何可哂。今卷十既已保全，而《外集》又復呈露，異日再就沅叔通假，鈔補完足，亦快事也。

藏印　芳茮堂印　海寧陳鱣觀　仲魚圖書　繪有半身小影

367　太倉稊米集　鈔本　存四十卷　四册　宋蘭揮舊藏　(07685)

題「竹坡老人周少隱著」。《四庫》著録，全集七十卷：樂府詩四十三卷，文二十七卷。此僅存前四十卷。樂府詩已盡於此，餘三卷則賦、詞、銘、頌、贊也。原有唐文若、陳天麟及作者三序，此並佚。

藏印　雪苑宋氏蘭揮藏書記

368－1　夾漈遺稿三卷　鈔本　三册　朱竹垞、納蘭容若、張芙川、喬鶴儕、盛伯羲舊藏　(07686)

宋鄭樵漁仲撰。《四庫》著録亦三卷。上卷古近體詩五十六首，中卷記、論各一篇、書二篇，下卷書三篇。前後無序跋，《提要》稱「不知何人所編」。是本所收詩文，篇數全合，舊爲曝書亭朱氏舊藏，度非漫無來歷者。

藏印　朱彝尊錫鬯父　某會里朱氏潛采堂藏書　謙牧堂藏書記　謙牧堂書畫記　蓉鏡私印　小瑯嬛福地祕笈　琴川張氏小瑯嬛室主藏書　平生減産爲收書三十年來萬卷餘寄語兒孫勤雒誦莫令棄擲飽蟫魚蕘友氏識　喬印松年　宗室文慤公家世藏　不在朝廷又無經學　周鑾詒　嬰齋手校

368－2　又一部　鈔本　一册　鮑以文校藏　(07687)

前後無序跋，冠以《四庫提要》一則。通體精校，雖不著名氏，亦無印記，然可斷爲鮑以文先生筆也。

嘉慶己未三月三十日校，四月初二日手抄本重校。

三月三十日，朱竹垞本對。

嘉慶丁卯二月二十日，以南滙吴氏新刻《藝海珠塵》本校一過，謬誤極多，又在此本下矣。以上四行均在卷末。

369　竹洲文集二十卷附録一卷　明弘治刊本　二册　朱竹君舊藏　(07688)

宋吴儆撰。程敏政序謂：「先生曾孫資深，裒遺文爲二十卷。兵燹數更，板刻已亡。十世孫雷亨取家藏本嗣刻，敏政以其彙次欠審，爲之重加校訂。」列於卷首者，有程珌、吕午、洪楊祖、陳塤舊序，曾孫資深進書表。書凡二十卷。前十四卷，文；後五卷，賦、詩；末一卷爲《棣華雜著》。敏政序所謂其兄俯字益章有文一卷附其後者，此也。是本卷面鈐有「乾隆三十八年□月翰林院編修朱筠交出家藏竹洲文集壹部計書貳本」木記一方，是必當時《四庫》采訪所得底本。然總目所載是書所録者，爲安徽巡撫採進本。故《棣華雜著》乃在二十卷外，又無附録，與此不同，必爲別一刊本。

藏印　翰林院官印

370 晦菴先生文集一百卷目録二卷 宋刊本 一百册 (07689)

卷首淳祐五年王遂序。第一至十卷，詞、賦、琴操、詩、樂府；第十一、二卷，封事；第十三、四卷，奏劄；第十五卷，講義、講狀、劄子；第十六至十九卷，奏狀；第二十、二十一卷，申請狀劄；第二十二、三卷，辭免狀劄；第二十四至六十四卷，書；第六十五至七十四卷，雜著；第七十五、六卷，序；第七十七至八十卷，記；第八十一至八十四卷，題跋；第八十五卷，銘、箴、贊、表、疏、啓、婚書、上梁文；第八十六卷，祝文；第八十七卷，祭文；第八十八、九卷，碑；第九十卷，墓表；第九十一至九十四卷，墓誌銘；第九十五至九十八卷，行狀、事實、年譜、傳；第九十九及一百卷，公移。半葉十行，行十九字。「擴」、「廓」兩字均闕筆，蓋王遂撰序之年，即是書開雕之歲也。左右雙闌，版心書名題「晦菴文集幾」，上間記字數，下記刻工姓名，有陳彬、董澄、陳山、曹鼎、陳壽、李成、陳偉、宋琚、吴桂、金祖、范元、翁定、吴申、劉永、熊良正、陳晃、石昌、魏才、劉海、吴圭、李琪、王恭、熊全、黄劭、黄春、王良佐、龐知柔、朱祖、劉四、劉昭、陳太初、余得、李和、鄒付、吴南、阮和、陳辛、俞壬、游明仲、陳明、龔文、共文、陳可、陳生、蔡寅、葉定、吴聖右、葉申、劉崇、葉雲、丁福、丁宣、官甯、吴賜、高才、范文、劉定、余秀、葉正、葉用、周成、高異、丁之才、項文、夏義、夏乂、余良、沈思恭、余旼【旼】、張允、余政、陸選、張榮、應珙、李倍、李允、鄭恭、吴祐、馬椿、劉公海、吴春、吴茂、吴志、馬春、李恭、王政、沈定、王壽、張富、王進、楊潤、詹世榮、錢宗、沈中、吕信、丁明、葉柏、徐成、陳元、余千、丁才、傅上、詹大全、李才、蔡子、傅芳、梁吉、陳新、葉田、吴明、陳良、王成、章忠、王汝霖、宋通、秦昌、凌宗、張昇、孫椿、毛祖、任青、王渙、王明、龔浩、嚴志、曹興祖、徐珙、章中、陳伸、任吕清、余敏、陳潤、何澄、孫日新諸人。《四庫提要》引成化本黄仲昭跋，謂：「先生文集，閩、浙舊皆有刻本。浙本不知輯於何人。」然實具詳於王遂序中，至刻工姓名，與前史部《三國志》、《魏書》同者七人，《國志》刊於衢州，則是本之爲浙刻，可無疑義。

藏印　臣鋭　子穎　揚州方氏退園藏書印

371　朱文公大同集十卷　元刊本　二册　（07690。著録作「明刻本」）

題「學生縣學司書兼奉文公祠陳利用編」。詩一卷，文九卷，皆文公主同安簿時所作。元至正庚寅孔公俊尹同安時，建大同書院。鄱陽都璋適寓兹邑，以祠宇既成，遺集不可不備。因纂輯年譜，列入本書，捐貲重刻。卷首《宋太師徽國文公朱先生年譜節略》，次年譜，次目録，卷末至正壬辰孔公俊跋。半葉十一行，行二十一字。

372 周益文忠公集二百卷附録五卷年譜一卷

鈔本　三十二册　宋賓王校，金星軺、鮑以文舊藏　（07691）

此書由豐順持静齋丁氏散出，余爲涵芬樓收得之。全書二十五種：《省齋文稿》四十卷，陸游序；《平園續稿》四十卷，徐誼序；《省齋别稿》十卷；《詞科舊稿》三卷，自序；《掖垣類稿》七卷，自序；《玉堂類稿》二十卷，自序；《政府應制稿》一卷；《歷官表奏》十二卷；《奏議》十二卷；《奉詔録》七卷；《承明録》十卷；《親征録》一卷；《龍飛録》一卷；《自後省歸廬陵日記》一卷；《閒居録》一卷；《泛舟遊山録》三卷；《乾道庚寅奏事録》一卷；《乾道壬辰南歸録》一卷；《思陵録》二卷；《淳熙玉堂雜記》三卷，自序；《二老堂詩話》二卷；《二老堂雜誌》五卷；《玉蘂辨證》一卷；《近體樂府》一卷；《書稿》十五卷。卷末嗣子綸後跋。附録《祭文》一卷、《行狀》一卷、《謚誥》一卷、《神道碑》二卷，凡五卷，《年譜》一卷。皕宋樓陸氏藏鈔本全部，有宋賓王跋，謂：「從王聲宏借得傳是樓所藏鈔本，先爲桐鄉金子星軺鈔成一部，復借於金。自十月下旬始鈔，成於雍正元年三月。因就卷中脱落疑譌處，另副開載，更竣繕本續校焉。余於十有一月中，校成全集兩部，誠大快事。」云云。是本每葉版心均有「文瑞樓」三字，全部均經朱筆讎勘。是爲宋賓王手校無疑。卷中有鮑以文藏書記印，卷面復有「乾隆三十八年□□月浙江巡撫三寶送到鮑士恭家藏周益公集壹部計書叁拾貳本」木記。蓋鮑氏得之文瑞樓，而又以之進於《四庫》者。《四庫總目》本書下，載明浙江鮑士恭家藏本，是庫本實由此出。其中門類名稱分合微有不同，而鈔本實係如此，疑庫本或略加點定，究其實際，亦並無差異也。

藏印 鮑以文藏書記 翰林院官印

373 止齋先生文集五十一卷附録一卷 明覆宋本 十二册 （07692）

此爲明正德王瓚刊本，門人曹叔遠有前、後二序。卷末有「嘉定壬申郡文學徐鳳鋟板於永嘉郡齋」二行。卷中語涉宋帝均空格。前後原有弘治乙丑王瓚序、正德丙寅林長繁跋，均佚。

374 盤洲文集八十卷 宋刊本 三十二册 朱文石、項子京、季滄葦、徐健菴、宋蘭揮舊藏 （07693）

是書諸家所藏，均屬鈔本。《四庫》著録，所收爲汲古閣毛氏影宋寫本。末卷《拾遺劄子》第二篇蠹損不全，與他家藏本正同。是本此《劄子》亦僅存二行。是世間傳本，均以是爲鼻祖矣。卷二十一闕第五、六葉，亦爲鈔本所無。惟卷三第九十葉，卷八第一葉，卷二十六第十葉，卷二十七第十一葉，第二十八第十葉，卷三十二第十葉，卷五十三第十一葉，是本均闕，而鈔本俱存。此或後來散失，而非早就亡逸也。原本稍有漫漶，寫官不加推究，輒作空白。傅沅叔同年曾用抄本對校，補得一千三百餘字。余又增入百數十字。半葉十行，行二十字。左右雙闌，版心署「盤洲文幾」，下記刻工姓名，有田民、田成、王定、王棠、趙祖、王古、張海、田行、王乙、田孟、單正、張祖、張興、王朴諸人。

藏印　華亭朱氏　横經閣收藏圖籍印　項元汴印　項子京家珍藏　子京父印　子京　子京所藏　項墨林鑑賞章　項墨林父祕笈之印　墨林山人　檇李項氏世家寶玩　天籟閣　退密　子孫世昌　宮保世家　季印振宜　滄葦　季振宜藏書　御史之章　宋本　乾學　健菴　玉峯珍祕　臣筠　三晉提刑　張敦仁讀過　葆采私印　善養堂印

375 艮齋先生薛常州浪語集三十五卷　鈔本　十册　（07694）

此傳録艮齋姪孫，知撫州軍州師旦寶慶二年所刊之本。卷末有師旦後跋，叙述刊本緣起，與《四庫提要》所載相合。賦三卷，古律詩十一卷，文二十卷，附録一卷。昔人以朱筆校過，未著名氏。

376 范石湖集 明鈔本 存三十卷 三册 (07695)

顧嗣立重刊是集跋謂：「明時重刻，流傳頗少；活板印本，殘闕頗多。得金子亦陶所鈔宋本，因先刊其詩集」云云。是本爲明人手鈔，間有訛奪，然與顧氏刊本編次相同，度必傳自宋本。惟卷數參差，是本輒退後一卷。想因顧本移置《賦》及《楚辭》於後之故。明弘治癸亥金蘭館活字本，亦三十四卷，或即由彼傳録。前四卷佚，無從攷證矣。

377 渭南文集五十二卷 明正德刊本 二十四册 (07696)

卷首正德癸酉汪大章序，次放翁本傳，次目録。文四十一卷，詩詞十卷。卷中「敦」字有注「光宗廟諱」者，又行文涉及宋帝處均空格，是所祖之本猶宋槧也。

藏印 壽康審定收藏

378 梅山續藳十七卷 鈔本 三册 王穀塍舊藏 (07697)

宋括蒼姜特立撰。十七卷，卷末附雜文及長短句。藍格舊鈔，當是明人手筆。語涉宋帝、東宫或提行或空格。前人用朱筆校閲，僅將俗字改正。遇提行空格，均加鈎勒，並標注重寫行款題註、短序亦多塗抹，當係修《四庫全書》時館臣所據底本。《提要》稱原本出休甯汪森家，前有森序，今未見。意已遺逸矣。卷首盧抱經、小山堂兩印，均僞造。

藏印　王宗炎所見書

379 程端明公洺水集二十四卷附録二卷　明嘉靖刊本　六册　（07698）

卷首作者程珌自序，卷末嘉靖丙辰裔孫元晒重刊今本跋，略謂：「端明公所著，有《洺水集》六十卷、《内制類稾》十卷、《外制類稾》二十卷。曾孫景山輯而刻之。元季兵燹，遺本鮮有得者。嘉靖乙卯，族裔霄出其家藏録本，所存蓋六十卷，間有殘缺失次。元晒乃與族中長幼更加輯定，以公曆官歲月，次其表疏。餘文以類相從。附公轉官制詔及狀傳諸作，爲卷二十有六。其内、外制稾，僅得《文獻志》所載七篇，别附卷首。命工鋟梓，以永其傳。」云云。是分卷雖少，而分量與原書相差不遠。以視《四庫》所收三十卷本，乃其裔孫至遠刻於崇禎乙巳。當係「己巳」之誤。原序稱爲「歲久散佚，舊闕其半」者，尚差勝矣。

380－1　重校鶴山先生大全文集一百十卷　明活字本　四十八册　（07699。著録作「四十七册」）

吴興嘉業堂劉氏藏宋刻本。題「鶴山先生大全文集」。曾借景印，列入《四部叢刊》，闕十有八卷。除第一百八卷原闕外，餘均以是本補配。是爲錫山安國活字印本，由宋本出，卷數相同。卷二十七、八，卷一百六、七，卷一百九、十，宋本合卷，此亦相同。《四庫提要》云其三十五卷下題「渠陽集」，三十七卷下題「朝京集」，九十卷下題「自菴類稿」則猶仍其舊名。但尚有題「渠陽」者爲三十六卷、七十五卷至七十九卷、八十九卷；題「朝京」者爲四十六卷；題「自菴」者爲三十八卷、五十一卷至五十三卷、九十一卷；更有題「江陽集」者，爲四十五卷、五十七卷。《四庫》著録嘉靖辛亥高翀刊本，故與此不同。然此與宋本則盡合。第四卷《豢龍詩》、六十七卷《賀范帥子長啓》、七十卷《教授彭子遠墓誌銘》，均見於卷中而不見於目。第六卷、九十八卷，詩文與目次不符，宋本亦正如是。惟闕文奪葉，是本較宋本爲多耳。外此目録有遺漏，第九十三卷有錯簡，均非原於宋本。又第十一卷之十一葉，第四十卷之十葉，宋本各闕，而原目尚存。是本並將十一卷所闕《次韻靖州貢士鹿鳴宴》第二首之後半，又《趙太社昌父封佀近詩見寄用鶴吟韻和答》，又《王萬里常博自金山以詩代柬因次韻》三首，又《題丁先之濬厚齋》二首，又《和胡自明見貽》之前半，四十卷所闕《富順監創南樓記》之前半，一併删削，以泯其跡。是則覆刻者之妄作矣。至每卷首尾卷數、板心葉號，間有訛誤顛倒，排印手民，偶不措意，事所恒有。讀者隨時糾正可也。半葉十三行，行十六字。板心上有「錫山安氏館」五字，下記印工姓名，全書亦僅有張賢、陸細、永太、李太及署一「松」字者數人而已。宋本前後有淳祐己酉吴淵序、辛亥吴潛序。又後序一篇，詳記刊書始末。自署「諸生朝請大夫成都府路提點刑獄公」，其下已闕。是本均同。

藏印 談氏延恩樓收藏記 蒼巖山人書屋記

380－2 又一部 版本同前 存九十五卷 二十一册 吕晚村舊藏 (07700)

卷首序目、卷七至二十，均闕。卷末僅存吴潛序。其後序記刊書始末者，亦佚。

藏印 禦兒吕氏講習堂經籍圖書

380－3　又一部　明嘉靖刊本　二十四册　孫淵如、郁泰峯舊藏　(07701)

是爲《四庫提要》之明邛州刊本。卷首有吴淵序。各卷有題「邛州知州吴鳳郡後學王葵校正」，「學正李一陽訓導周南編次」者。卷末有吴鳳刻成後紀，略謂：「承大巡鄢劍泉、兵巡高玉華二公命，佐費董成。偕同事取舊本校訂，募工綉梓。」後署「皇元四年辛亥歲夏五月」。審視「皇元四年」字，有剜改痕跡。《提要》稱「嘉靖辛亥四川兵備副使高翀重刻」。是必爲「皇明嘉靖」四字所易。高翀字允升，嘉靖五年進士，著有《玉華詩文稿》。度翀必有序跋，或亦爲市估撤毁也。是本全從安國活字本出，目録且用原本翻雕，故第一、第三、四葉板心尚有「錫山安氏館」五字，行款相同。其脱漏訛誤，亦無不同。所不同者爲第九十八卷之目，所謂「校正」、「編次」者，如是而已。卷九十三之錯簡，未經更正，猶可指爲原文。卷一百之《潼川府勸農文》，插置卷一百一舉文内，猶可諉爲偶誤。而卷二十七、八之合卷，何以忽析卷末之後四篇，並移卷二十九之前二篇，增置第二十八卷？此豈非擅自改作乎？其尤謬者，原本闕文，既仍其舊，而安本卷八之二葉「山林間富貴滄紅公子太彊粱」十二字，卷十之十五葉「朱絲衣履上東墀」下小註六十四字，卷五十之十三葉「渠江之左僅存然已非始卜予嘗行今江右」十七字，儼然存在，俱被删削。又是本卷四十六之二葉前六行，卷五十之十葉前九行，卷七十二之十七葉後五行，以下文字均不貫。校以安本，各闕一葉。就令所祖之本，此三葉者原已亡逸，而葉次可以攷知，何得漠視無覩，强爲聯接？又卷七之六葉，《再次滄江韻》第一首「夏畦初雨桔槔間，讀易幽人晝掩關，厚築」下，安本原闕一葉。此乃直接《和虞永康梅花十絶句》第二首「水邊時一見相逢，頗恨幾年遲」。「厚築水邊」，義不可通。乃不註明闕文，且將末句「遲」字改作「還」字，以就「間」、「關」二韻。此得不謂之無知妄作乎！《四庫》館臣未見宋刻，並安本亦不獲見，憑空校閲，故衹能覺其校訂草率，疑爲有所竄改，益信書經翻刻訛舛滋甚也。

381　翠微南征録十一卷

鈔本　一册　何義門、蔣曾瑩、黄蕘圃、顧竹泉舊藏　（07702）

宋華岳撰。《四庫提要》稱：「岳有上皇帝書，請誅韓侂胄、蘇師旦，語最抗直。」是文見第一卷内。遇「皇帝」及「陛下」字均提行，殆自宋本傳録。鮑以文嘗據舊鈔校明郎遂刊本，謂：「原本上皇帝書，均當時宵小姓氏，頗有空缺。宋時刊行尚有避忌，因而諱之。」云云。此本正同。鮑氏又詆斥郎以嘉靖間王崇志本改竄填補，大失本真。古今體詩十卷，悉改原編次第，且妄加删削，重失作者本意。此本與郎氏所見不同，多存舊觀，亦足珍矣。

黄蕘圃跋　余向藏翠微先生《北征録》，係舊鈔本，外間罕有也。頃書友攜此《翠微南征録》來，却與《北征録》作合。檢舊時藏書家，無有也。適吴枚菴來，余訊之，云《浙江采集遺書目録》有之，云十卷刊本。原注：按此鈔本十一卷，疑目誤也。謂是黄虞稷從史館抄得，屬池人郎遂刻之。蓋華岳貴池人，故刻諸池，然此本亦鮮流傳。今鈔本雖不甚舊，而取此儷《北征集》，適爲兩美之合，因置之。書共九十五番，合緡錢一千五百餘文，可謂貴矣。甲戌中元日，復翁記。

又題　蔣氏賜書樓藏，甲戌初秋收。

藏印　宋本　甲　何焯之印　竹泉珍祕圖籍　謏聞齋

382　平菴悔稿十四卷丙辰悔稿一卷悔稿後編六卷　鈔本　四册　方柳橋舊藏　（07703）

題「括蒼項安世平甫著」。《四庫》未收，阮文達依舊鈔過録進呈。前後集十二卷，詩僅一千二百八十五首，與此稍異。卷末仁和吴元長跋，謂：「余集由《永樂大典》摘出。因誤傳全集已鈔入《四庫》，遂未編録。後元長客余氏京邸，獲見存稿手録副本，《悔稿》十五卷，詩八百六十餘首，《後編》六卷，詩五百五十餘首。」今覆覈是本，前八百八十首，後六百九首，或當時計算偶誤，未必遂有別本也。又趙魏跋，謂借知不足齋傳録，此又從趙本重録者。按《研經室外集》，文達奏進諸書，均先屬鮑廷博、何元錫諸人參互審定。鮑氏何不以此鈔儲之稿貢諸文達，代彼卷帙較少之本？抑彼時松陽項氏不全刊本已出，文達所得舊鈔，即傳自項氏家藏刊本，故以原本奏進歟？

藏印　巴陵方氏功惠柳橋印　方功惠藏書印　巴陵方氏碧琳琅館珍藏祕笈　方家書庫

383　方壺存稾九卷附録一卷　鈔本　二册　納蘭容若舊藏　（07704）

宋休甯柳塘汪莘叔耕著。此爲其裔孫燦等重刊之本。前後有程珌、孫嶸、王應麟舊序，史唐卿、劉次臯、汪循跋。卷一，書、辨、序、説、頌、行狀；卷二，賦、歌行；卷三至七，古律詩；卷八、九，詩餘；附録，名賢遺翰。此與《四庫》所收編次相同，惟此析《詩餘》爲二卷。

藏印　謙牧堂藏書記　謙牧堂書畫記

384 宋寶章閣直學士忠惠鐵庵方公文集三十六卷 鈔本 六册 馬笏齋、陸存齋舊藏 (07705)

題「廣西按察司按察使族孫良永校」,「廣東布政司右參政族孫良節編」。《四庫》著録,亦良永等所輯,但增多一卷。愛日精廬、鐵琴銅劍樓所藏,卷數與此合。惟歸安陸氏、錢唐丁氏、吾友傅沅叔藏正德刊本,均四十五卷。是本第一、二、三卷,奏議;第四卷,進故事;第五卷,奏申;第六卷,外制;第七卷,表;第八至十二卷,啓;第十三卷,啓、正書、冬書;第十四卷至二十二卷,書;第二十三卷,賦;第二十四卷,論;第二十五卷,策;第二十六、七卷,策問;第二十八卷,詩;第二十九卷,記;第三十卷,文;第三十一卷,序;第三十二卷,題跋;第三十三四卷,祝文、燎黄青詞;第三十五卷,祭文;第三十六卷,墓誌銘。視傅氏所紀總目,僅少銘、説二卷。又代人所作奏劄、表、箋、啓劄四卷亦無之。綜計應缺六卷,乃竟減至九卷,或分卷有不同歟。原有劉克莊序,此已佚。

385 宋國録流塘詹先生集三卷 鈔本 四册 朱竹垞、納蘭容若、張芙川、喬鶴儕、盛伯羲舊藏 (07706)

先生名初,字以元,居休甯之流塘,爲學獨尊紫陽。初試縣尉,有政聲,旋膺薦,入大學爲學録。既歷七年，上疏乞辨邪正，不合，罷歸，入居廬山，終其身不出。遺著凡二十一卷，悉燬於火。今存者惟翼學十章，序經、論語二篇，目録上、下二編，詩四十九首。此爲其裔孫十六世景鳳、十七世璧刻於嘉靖戊午，各有後跋以記其事。附録一卷。前後有王畿題詞，周怡、汪以湘、吴欽儀、吴景明諸跋。

藏印　朱彝尊錫鬯父　某會里朱氏潛采堂藏書　別業小長蘆之南殳史山之東東西硤石大小横山之北　謙牧堂藏書記　謙牧堂書畫記　蓉鏡私印　張氏圖籍　平生減産爲收書三十年來萬卷餘寄語兒孫勤雒誦莫令棄擲飽蟫魚蕘友氏識　得者須愛護
宗室文慤公家世藏　涂水裔氏雈儕藏書印　鶴儕　周鑾詒　嬰齋手校

386 可齋雜稾三十四卷續稾八卷續稾後十二卷

鈔本　十册　朱竹垞、納蘭容若舊藏　(07707)

宋李曾伯撰。卷首淳祐壬子作者雜稾自序，寶祐甲寅尤焴遺湖北倉使劉和甫續刻二編序，咸淳庚午嗣男杓授書市刻市笥本序，又《續稾》前作者小序。卷中語涉宋帝均空格。

每卷末有「嗣男杓編次」一行。作者兩序後，均有「曾伯」聯文印一、「長孺」鼎式印一、「可齋」方印一、「河内開國郟亭李氏」方印二。此皆宋槧原本舊式也。

藏印　朱彝尊印　秀水朱氏潛采堂圖書　謙牧堂藏書記　謙牧堂書畫記　師竹齋圖書

387　秋崖先生小藁四十五卷　明嘉靖刊本　六册　（07708）

宋方岳巨山撰。卷首族裔孫方謙序，卷末有「九世孫顯用重編」，「十世孫玠瑠琅璞校正」二行。全集文四十五卷，詩三十八卷。此有文無詩，非完書也。

388　三山鄭菊山清雋集一卷附所南一百二十圖詩一卷文一卷　林吉人鈔本　二册　張立人舊藏　（07709。著録作「張位鈔本」）

卷首大德五年鄱陽柴志道序，略謂：「鄭菊山先生人物昂然，氣節挺然，不見用于時。晚年主安定、和靖二書院，講明道學。有詩曰《倦遊稿》。山村仇君摭四十首，名曰《清雋集》。」云云。其子所南詩集自序有言，或遇圖而作，或遇事而作，或者又欲俱圖之。圖凡一百二十，故以名其集。後附《錦錢餘笑》二十四首，當時之白話詩也。文一卷，論相度葬地者過半，附録他人詩文若干首。知不足齋據大德本翻雕，此與相同，惟闕《菊山翁家傳》一首。全書爲林吉人手寫，書法婉秀。

藏印　林佶　張位　張位之印

389 北磵文集　宋刊本　存八卷　四册　毛子晉、曹楝亭舊藏　(07710)

宋釋居簡撰。居簡字敬叟，生潼川，居北磵久，人因以名之，遂以名其集。宋代釋子能文者，曰契嵩，著有《鐔津集》；曰惠洪，著有《石門文字禪》。居簡爲文，自成一家。置之二子之間，適成鼎足之勢。卷首嘉定盱江張自明序，又永嘉普觀義問宣子序。目録分二類，先總目，後分目。卷一，古賦；卷二至四，辭記；卷五，傳、序；卷六，銘、贊、箴、頌、雜文；卷七，題跋；卷八、九，榜、疏、上梁文、啓；卷十，塔銘、墓誌銘、祭文、哀辭。是本闕後二卷。半葉十四行，行二十四字，小字雙行，行三十三、四字。版心書名署「文幾」，疑當日必與詩集同刊。單魚尾，上記字數，下記刻工姓名。全者祇徐珙、馬良、賈義、蔣榮祖四人，餘則或姓或名。僅記婁、徐、賈、史、馬、珙、義、俊、良等字。

義問宣子序後牌記　崔尚書宅刊梓

藏印　趙氏珍玩　毛晉之印　毛氏子晉　楝亭曹氏藏書

390　碧梧玩芳集二十四卷　鈔本　八册

宋馬廷鸞撰。據《四庫全書》本傳録。卷首，提要；卷一，奏狀；卷二，詔書；卷三至九，赦文、德音、制勅、批答；卷十、十一，申狀、書、啓；卷十二，序；卷十三至十六，題跋、説、贊、銘；卷十七至十九，記、墓銘；卷二十，祭文；卷二十一，讀史旬編；卷二十二至二十四，古今體詩及詩餘。

391　陵陽先生集二十四卷　鈔本　四册　（07711）

宋牟巘獻之撰，其子應復編。卷首有至順辛未所作序，謂：「裒集十未及一。」卷一、二，古詩五言；卷三，古詩七言、律詩五言；卷四、五，律詩七言、絶句五言；卷六，絶句七言；卷七，雜著；卷八，奏劄、狀、表；卷九之十一，記；卷十二之十四，序、説；卷十五之十七，題跋；卷十八之二十一，啓劄；卷二十二，祭文、祝文、青詞、疏；卷二十三，上梁文、樂語詞；卷二十四，行狀、墓銘。據《四庫提要》，尚有至順二年程端學序，此已佚。

392 寧極齋藁附慎獨齋藁不分卷

鈔本　二册　鮑以文、勞平甫校藏　(07712)

宋末陳深撰。其子元慎獨處士《植遺詩》四十一首，附父集後。鮑以文傳録吴氏瓶花齋本，復據汲古閣抄本、别本及《元詩選》，手自校讎，訂正吴本譌字。又據《珊瑚木難》補植遺詩一首。勞平甫重校一過。

鮑以文題　乾隆乙酉九月十四日，傳瓶花齋本，分手鈔録。一日而畢，爲之大快。

勞平甫題　頃從知不足齋收得此集，用傳鈔閣本相校。閣本係顧俠君秀野艸堂藏本，即選元詩所据也。卷末有張米菴題識。慎獨叟詩題作《寧極齋遺藁》，閣本改題《慎獨齋遺藁》，以相區别。俠君謂出于祝希哲手鈔，併録鄭元祐所作墓銘，當後人附録此後爾。兩本參校，互可是正。其樂府，十年前曾以常熟吴氏《名家詞鈔》本勘過，亦并校存其異同。渌飲居士當日與《存悔齋集》同鈔，惜余僅得此帙耳。咸豐丁巳三月二十日，勞權記。

393 新註朱淑真斷腸詩集前集十卷

元刊本　一册　馬寒中、蔣夢華舊藏

(07714。著録作「明刻遞修本」)

錢塘鄭元佐註。前有宋通判平江軍事魏仲恭序。半葉十行，小注雙行，行二十字。

是爲江陰何秋輦同年所藏。秋輦逝後，其子邕威相繼下世，其家不能守，盡舉所有售於涵芬樓。諸家所藏，都屬鈔本。此爲元刻，古色古香，至堪珍玩。友人徐積餘藏《後集》八卷，版刻相同，葉號亦復銜接。假此影印，藉成全璧。

黄蕘圃跋　松江友人沈綺雲欲刻唐宋婦人詩四種爲一集，最後謀及《斷腸詩集》，所得如金鑾庭、鮑渌飲、吴槎客三家本，皆傳鈔本而非刻本，意不欲梓，爲其非古本也。嘉禾友人戴松門爲余言，平湖錢夢廬藏有元刻，苦難借出，遂録副見示。識爲鄭元佐註本。《前集》十卷，《後集》僅四卷，第二葉止，蓋與《百川書志》所載本同，而逸《後集》之半矣，惜缺序文并卷一前之兩葉半。通卷亦有闕文。故沈梓僅有唐之魚、薛，宋之楊后、朱淑真詩，仍缺如也。今春海甯陳仲魚過訪，談及是書，云硤石蔣君夢華亦有元刊註本，許爲我借書助勘。頃果以書畀余。竭一、二日力手校一過，乃知此與錢本同出一原。此稍有所修補，故誤字特多。間有一、二字，此較勝於彼者，未知傳寫錯謬，抑錢本原誤。未見刻本，不敢臆斷也。然錢本缺失，時賴此補全，此爲勝於錢本之處，而此係補修之本，非特少《後集》，即《前集》卷中，時有脱葉，闕文硬以煞尾卷數終之。此爲謬妄，非錢本又不足以正其誤也。余好爲古書分析原修面目，故敢於還書之日，著其梗概如此，以質諸夢華先生，并以告仲魚之與余同嗜者。此書係寒中故物，未經後人點汙，不敢代爲校改，唯識之卷尾餘紙。倘欲借錢本以補此本之不足，則余有副本在，不妨還假足之。如沈綺雲有意續雕，豈非四美具乎？余且藉是以畢求古之願焉。嘉慶十七年歲在壬申秋九月重陽前三日，黄丕烈書于求古居。下鈐「復翁」白文方印。

繆小山跋 此書原刊本，前歸道古樓馬氏，後歸硖石蔣氏。陳仲魚、黄蕘圃皆經眼，蕘圃並爲之跋，推許甚至。卷五題下標陰文「前集」二字，他卷所無。卷六止二葉，「彈壓西風擅衆芳」首句下，即以前卷之六煞尾，不知詩未全也。此則蕘圃所謂謬妄者。書不易見，迺威世講其寶之。丙午九月，繆荃孫識。下鈐「曾經藝風勘讀」朱文方印。

藏印 寒中 裕經堂 簡莊審定 海甯陳鱣觀 蕘圃過眼 蕘翁藉讀

394 郝文忠公陵川文集三十九卷 鈔本 十册 孔葒谷、繆小山舊藏 (07714)

此傳録明刊本。前有延祐丁巳李之紹序，正德二年上黨劉龍、廬陵陳鳳梧序，延祐五年《江西行中書省准中書省交本行省管下開板劄付》、《中書省移文》。卷末有延祐戊午馮良佐原跋，蓋亦從元刊本出也。卷十六《圖記》三篇闕。

藏印 孔繼涵印 葒谷 荃孫 雲輪閣

395 野趣有聲畫二卷 鈔本 二册 勞平甫校，鮑以文、費曉樓舊藏 （07715）

題「新安楊公遠叔明著」，「後裔大觀光廷重輯」。前有咸淳六四一此三字疑誤。吴龍翰序，至元丁亥盧摯序。上卷末有至正乙酉方回跋。《四庫提要》謂：「後跋不應介在其間，疑下卷爲後人所輯，故《丙戌初度詩》在作跋後一年。」云云。卷末有嘉靖丙申汪玄錫跋。是本編次，與《四庫》本同，必從嘉靖本出。勞平甫先後校勘凡三徧，最後以知白亭刊本精校，即一點一畫，亦不略過。字細如髮，令人驚羨。

藏印 歙西長塘鮑氏知不足齋藏書印 老屋三間賜書萬卷 世守陳編之家 勞權之印 平甫 丹鉛精舍 西吴費丹旭曉樓之印 蟫盦

396－1 戴剡源先生文集二十六卷詩集二卷 鈔本 五册 孔葒谷舊藏 （07716）

卷首洪武四年金華宋濂序，次先生自序。《文集》凡二十六卷。卷一至六，記；卷七至十四，序；卷十五、六，墓誌；卷十七，墓表、墓碣；卷十八、九，題；卷二十，跋、銘、箴、贊述、碑；卷二十一，賦；卷二十二，史論；卷二十三，雜著；卷二十四，書、啓、疏、傳、劄子、説、諭；卷二十五、六，講義。《詩集》二卷，宋濂序稱：「使者入鄞求之，以《剡源集》二十八卷來。先生之孫資先謀刻于夏君，以題辭爲請。忘其僭踰而爲序之。」云云。是本詩文合計，卷數適合，必出自洪武刊本無疑。《四庫》所收爲三十卷本，《提要》稱宋濂序刻二十八卷，其版久佚。嘉靖間，四明周儀得其舊目，廣爲蒐輯，釐爲三十卷。表元後裔洵復梓行之。自此以後，是集之流傳者祇有此刻，故諸家書目所載，惟繡谷亭藏本，卷數與此相同。《千頃堂書目》有一作二十八卷之語，其他皆三十卷矣。

藏印　孔繼涵印　葒谷

396－2　又一部　明鈔本　存十六卷　六册　蔣絢臣、黄荛田舊藏　(07717)

是本爲明人鈔本。卷第編次與前本同，惟卷一、二卷十五至二十二、《詩集》二卷，已佚。

傅沅叔跋　考是集乃殘本，賈人移補以充全帙者。卷三至卷十四，如原第。其題「卷一、二」者，實爲卷二十三、四也；「卷十五、六」者，實爲卷二十五、六也。其挖改之跡顯然。更別鈔目録，題册數以掩之，然其字跡固迥然不同。至校郁氏刻，則頗有佳處。卷十四《送王亦説序》，補一行；二十五、六《講義》中，各補一行。此外改正亦數百言，雖殘帙要自可珍。書此以告後之讀是集者。藏園主人沅叔氏志，乙丑六月初四日雨窗。

藏印　晉安蔣絢臣家藏書　莘田黄氏藏書

397 巴西文集不分卷　鈔本　六册　傅沅叔校　(07718)

此爲元鄧文原所著。鄧爲蜀中緜州人，流寓錢塘，自稱巴西。此書《四庫》著録，《提要》稱其「學有本原，所作皆温醇典雅，獨以詞林耆舊，主持風氣。著有《内制集》、《素履齋藁》，未見傳本。此本不知何人所編，僅録其碑、誌、記、序等文七十餘篇，非其完帙。」云云。是編所收，凡八十九篇，比《四庫》本爲多。《千頃堂書目》稱有二集，而此不分卷，疑爲别一傳本。鈔手平凡，頗有訛奪。傅沅叔借閲，依李禮南藏舊寫本對校，均經勘正。卷末鮑以文跋及知不足齋藏印均僞造，不録。

398 元松鄉先生文集十卷　鈔本　二册　錢竹汀、潘茉坡、盛伯羲舊藏　(07719)

元句章任士林叔實撰。卷首江陵熊釗、牆東老叟陸文圭、京兆杜本三序，趙孟頫墓誌銘，卷末永樂三年同修國史胡儼跋。皕宋樓陸氏、藝風堂繆氏均有元刊本。卷末摹刊「任勉私印」、「任印近思」等印。杜本序謂「杭州路太守任公求其藁而刻之」。繆氏以爲印文即太守之名號，陸氏亦疑任勉或即刊書之人。然熊釗序云：「今洪武己卯，先生之孫勉續刻而傳之。」胡儼跋亦有「其孫今福建參政勉既刻梓以傳，來徵余言」之語。則任勉確爲刊書之人，而非杭州太守，且刊於初明而非刊於元世。陸、繆二氏藏本，均失熊、胡序跋，故誤認爲元槧也。集凡十卷，文八卷，詩二卷。語涉元帝均提行。行款與陸、繆二本同。惟繆記稱有詩八十二首，此僅七十五首。意者寫録時稍有遺佚歟。

藏印　錢大昕　辛楣　竹汀　潘茮坡　潘茮坡圖書印　潘氏桐西書屋之印　崦西漁隱　不孱守繫齋　宗室盛昱收藏圖書印　黄鈞　次歐

399 松雪齋文集　元至元刊本　存前五卷及外集　五册　毛華伯、汪閬源舊藏　（07720）

元趙孟頫撰。卷首謚文，次大德戊戌戴表元序，至元後己卯何貞立序。卷末沈璜後跋謂：「公薨幾二十年，生平所爲詩文猶未鏤版。今從公子仲穆求假全集，與友原誠鄭君再加校正。凡得賦五，古詩一百八十四，律詩一百五十，絶句一百四十，雜著五，序二十，記十二，碑誌廿六，制誥、策題、批答廿五，贊十，銘一，題跋五，樂府二十。總五百三十四。并公行狀、謚文一卷，目録一卷，合爲一十二卷，亟鋟諸梓。」云云。目録後有「至元後己卯花谿沈氏伯玉刊于家塾」，卷二、卷五末有「吴興沈氏華溪義塾刊行」牌記。《外集》目後亦題「花谿沈氏伯玉刊于家塾」。是雖跋未之及，要必沈氏所輯也。半葉十二行，行廿二字。

字撫松雪，鐫印俱精。惜卷六至十及行狀俱佚。

藏印 毛褒之印 華伯氏 汪士鐘曾讀 沈岱子華書畫府印 東吳世家 江城一曲

400 魯齋遺書十卷 明嘉靖刊本 十二册 （07721）

卷首嘉靖乙酉蕭鳴鳳刊書序及編校識語。目録前二、三、四行，題「後學河内何瑭校正」、「僊居應良重編」、「山陰蕭鳴鳳重校」。此即《四庫》所收之本，故卷第編次，悉與《提要》所載相合。

401 魯齋先生集六卷 校鈔本 二册 李一徵、黄蕘圃舊藏 （07722）

先生七世孫泰和令武功縣時刊本，此從之傳録。首嘉靖九年庚寅康海序，次嘉靖三十九年衡藩新樂王載璽序，次先生小像，王九思、康海贊，次目録。卷一，遺書；卷二，奏議；卷三，説、書；卷四，雜著、書簡；卷五，詩、樂府、編年、歌括；卷六，附録。前書爲嘉靖乙酉蕭氏所刊。鳴鳳題識謂：「舊本次第未當，重編如左。續得《心法》及《大學中庸直解》，俱以次增入。」是本康序亦謂：「舊集猥煩錯亂，略無統紀，因取而正之。」按是本刊成，距蕭刻僅後四年，疑兩書同出一源。余於鐵琴銅劍樓獲見元大德、明正德兩本，編次大致相同。惟成化倪顒刊本未見。豈康氏所謂舊集，與蕭氏所謂舊本，即倪氏刊本耶？全書經蕘圃用朱筆校正，增補凡數百字。

始余得是書於太倉顧氏時，黦敝甚，幾不能觸手。《附録》中有十七葉已撕去，前後僅各存一角，因重裝之。同式刊本不可得，僅借得正德本編次稍異，然所闕各文均在，可以參補。鈎稽配合，泯然無縫。惟《考歲略篇》行款不合，且溢出近百許字，因擠入所闕行内，前後仍相銜接，然原本當不若是也。此外脱文，爲蕘圃所未補得者，並據補録。

藏印　嘉興李聘　黄印錫蕃　黄印丕烈　蕘圃

402 静修先生文集二十二卷　元至順刊本　八册　黄蕘圃舊藏　（07723）

元劉因撰。因愛諸葛武侯静以修身之語，表所居曰静修，遂以名其集。集凡二十二卷。卷一、二，辭、五言古詩；卷三，和陶；卷四、五，七言古詩；卷六，雜言；卷七，五言律詩；卷八至十，七言律詩；卷十一，五言絶句；卷十二至十四，七言絶句；卷十五，樂府；卷十六，碑；卷十七，墓表、墓銘；卷十八，記；卷十九，序；卷二十，説、銘、贊、祝文、祭文、哀辭；卷二十一，書、疏、雜著；卷二十二，題跋。此爲至順庚午宗文堂刊本。其後又有三十卷者，初刊於至正，重刊於永樂，再刊於弘治。《愛日精廬藏書志》宋賓王跋三十卷本謂：

「較之此本，詩文有闕無多，譌字脱落則倍之，第多附録一卷。」云云。是則此爲最初最足之本矣。半葉十三行，行二十一字。四周雙闌，版心雙魚尾，粗黑口。卷首有李謙序，佚。

卷一後牌記　至順庚午孟秋宗文堂刊

403　姚牧菴集不分卷　鈔本　二册　璜川吴氏、蓺芸書舍汪氏舊藏　（07724）

卷首張養浩序，附柳貫謚議。黄蕘圃跋謂：「是本比《中州文表》增多十一篇有半，脱三篇。」定爲從舊本傳録，非出自《文表》。然增多之十一篇有半，皆見《元文類》，非是編所獨有。武英殿聚珍本提要云：「劉昌輯《中州文表》，所選燧詩較《元文類》僅多數首，文則無出《文類》之外者。」又云：「《永樂大典》所收頗夥，詩詞多出諸家選本之外。」以校是本，有《别王良輔》七律、《黄門飛鞚圖》七絶各一首，爲聚珍本所未收，《中州文表》亦無之，黄氏却未叙及。

黄蕘圃跋　乾隆乙卯三月二日，往訪周薌岩，路過桐涇橋，于芸芬堂書肆小憩焉。主人以抄本《姚牧菴文集》示余。余曰：「牧菴文曾梓入《中州文表》。兹册無卷第，得無與《文表》相類乎。」假歸對勘，比《文表》增多碑一、《襄陽廟學碑》。行狀一、《中書左丞李忠宣公行狀》。序二、《送姚嗣輝序》、《李平章畫像序》。墓誌銘六、《南京路總管張公墓誌銘》、《廣州知州楊君墓誌銘》、《瀏陽縣尉閻君墓誌銘》、《蘇州甲局提舉劉府君墓誌銘》、《廣州懷集令劉君墓誌銘》、《故民鍾五六君墓誌銘》。神道碑半截、《平章政事徐國公神道碑》，脱「贊右丞相」以下。傳一，《金同知沁南軍節度使事楊公傳》。脱銘三，《簡儀銘》、《仰儀銘》、《漏刻鐘銘》。可知此從舊本傳録，非録自《文表》者也。因思《牧菴文集》五十卷今不可得見，即劉欽謨所輯之《文表》今亦不可得見，而余所見之《文表》重梓本與舊鈔時有增損，則此時不得不以舊本爲據矣。越六日，書賈來索書，爰問其直，如數與之，亦以見舊本之可貴類如斯也，豈可以世有選刻本而遂忽視哉。棘人黄丕烈識。

藏印　璜川吴氏收藏圖書　汪士鐘藏

404 漢泉曹文貞公詩集十卷後録一卷　元刊本　四册　蔣香生舊藏　（07725）

題「文林郎江南諸道行御史臺管勾男復亨類集」，「國子生浚儀胡益編録」。卷首總録，次張起巖序，蘇天爵序，吕思誠序。卷末吴全節後序。又《附録》有神道碑銘、像贊、祭文、哀辭、挽章。全集古今體詩九卷，樂府一卷。吴全節稱：「曹公以儒發身，敭歷中外，宦轍四方，故其寄寓紀述、懷感、諷刺、賦詠，皆目擊耳聞，真履實踐，温秀雅麗，諸製皆工。」《四庫提要》亦稱爲「舂容嫻雅，渢渢乎和平之音」。半葉九行，行十五字。書法韶秀，摹仿松雪，雕鏤亦精。卷尾原有提調、刊板、校勘、謄寫官士姓名，惜已無存。按總録尚有

《御史臺咨文》、《謚議》及歐陽玄序，亦均佚。

藏印　茂苑香生　蔣鳳藻秦漢十印齋祕篋圖書　費氏家藏　葉伯寅圖書　南陽叔子苞印　二泉

405　清容居士集五十卷　元刊本　三十二册　文徵仲、朱卧菴舊藏　（07726）

此爲元刊元印本。半葉十行，行十六字，字體韶秀，鐫刻工整。原闕卷二十七至二十九，卷三十七至三十九，卷四十七至五十。鈔配絶精，不下真跡。卷二《述祖德示從子瑛詩》「覺」字，卷三十《教授袁府君墓表》「灼」、「坰」、「燮」、「㱿」、「韶」、「甫」、「徯」、「裒」八字，卷三十三《西山阡表》及《先大夫行述》「似」、「道」、「皐」、「昇」、「洪」、「轂」六字，均避家諱闕筆，是爲袁氏家刻無疑。上海宜稼堂郁氏藏有元本曾據以覆刻，後附《札記》。所云漫滅之字，此皆清朗，似印本猶在郁本之前。郁本嗣歸皕宋樓，今已轉入日本静嘉堂文庫。陸氏跋云：「恐世無第二本。」今恐海内無第二本矣。

藏印　文印徵明　休甯朱之赤珍藏圖書　朱印之赤　朱之赤鑒賞　朱卧菴收藏記　卧菴所藏　寒士精神　蓮子峯樵　茶菴主人　子孫保之　緑天館主

賣衣買書志亦迂　愛護不異隨侯珠　有假不歸遭神誅　子孫鬻之何其愚　長州盧氏　家藏圖書　杜氏　允勝　執　壁

406 蒲室集十五卷附書疏語録不分卷 元刊本　八册　(07727)

題「豫章釋大訢笑隱撰」。卷首至元四年虞集序，次目録。卷一至六，古今體詩；卷七、八，序；卷九、十，記；卷十一，碑銘；卷十二，塔銘；卷十三至十五，説、題跋、頌、箴、贊、銘、祭文。《四庫》及諸家著録，均止此。是本於十五卷外，尚有書問六十七篇，疏、表、榜文一百十四篇，亦稱《蒲室集》，但無卷數。又有烏回禪寺、大報國寺、中天竺禪寺、大龍翔集慶寺語録四篇，真贊、偈頌、銘、序、題跋一百三十四篇。後附虞集行道記、黄溍塔銘各一。全書版心下記刻工姓名，前後皆同，必係同時鐫版。惟卷十五後無目録。卷數完否，不敢臆斷，然此要爲較足之本矣。

407 馬石田文集十五卷 鈔本　三册　彭文勤、錢聽默舊藏　(07728)

此明弘治汝南熊翀重刻之本。卷首王守誠序，陳旅序，蘇天爵序，至元五年江北淮東道肅政廉訪使下揚州總管府刊板牒文。翀跋自稱：「公暇校讐，捐俸募工，刻於太原府學宫。卷帙次第悉依舊本，不敢妄有所增損。」故開卷一如元刊版式。維揚張頤嘉翀覆刻，同時爲之題後。全集前五卷詩賦，後十卷文。又附録三篇，則翀覆刻時所續輯者。尚有弘治癸丑李東陽序，佚。

藏印 南昌彭氏 知聖道齋藏書 遇讀者善 白堤錢聽默經眼 辛道人 海陵錢犀盦校藏書籍

408 黄文獻公文集八卷 鈔本 六册 （07729）

元金華黄溍撰。溍《集》有二十三卷本，分《初稾》、《續稾》。《續稾》又分上、中、下。金華縣令胡惟信所刻。宋濂序所稱二十五卷者，或謂即指此本。《四庫》所收爲十卷本，明嘉靖張儉所刻，然頗有刊削。又有四十三卷本，前有貢師泰序，刻於三山學官，殆爲最足之本。此僅八卷，錢謦石曾見明刻《外集》，卷數相同，不審即此所自出否？所收詩文，固多遺漏，然亦有出於四十三卷本之外者。題跋二十通，墓誌銘十一篇，詩十六首，均是本所獨有，蓋所祖之本各不同也。

藏印 欽訓堂書畫記 欽訓堂珍藏印

409－1　圭齋文集十六卷　明成化刊本　八册　（07730）

元歐陽玄撰。本集十五卷，餘一卷爲附録。前宋濂、揭傒斯二序，末劉釪刊書跋。半葉十一行，行二十一字。是書編刻，粗率殊甚。揭文安序所稱歐陽先生與著者無涉，實爲誤收。錢塘丁丙論之甚詳，猶不止此。卷十六《神道碑》、《行狀》之次，尚有六題，有目無文。而次《行狀》後者，爲吴節《碑跋》、彭時《書後》，其葉次均相銜接。六題之文，亦無從厠於其間。又彭時亦有《碑跋》，乃不列於吴節之次，反置之十五卷尾。按其卷第葉次，並非誤排，不知何以殺雜至此？每卷書名下，題「宗孫銘鏞編集」，次行題「安成後學劉釪校正」。字體與正文不類，且均有剜補痕跡，疑係後加。吾鄉沈西雍謂：「孫觀察訪碑録中，載圭齋所撰碑誌二十餘通。」沈氏嘗於稾城拓得《董清獻公神道碑銘》，亦圭齋所撰，此集均不載。然則圭齋遺文，散佚者多。潛溪所見之一百餘册，今安得復遇之耶？

409－2　又一部　版本同前　五册　（07731）

此與前書同出一版，惟宋、揭二序，劉釪跋，吴節《碑跋》，彭時《碑跋》、《書後》均佚。

卷十六後六題，亦有目無文。

410　圭塘小藁十三卷別集二卷續集一卷附録一卷續録一卷　鈔本

三册　蔣西圃、潘茮坡舊藏　（07732）

元許有壬撰。其弟有孚編，其五世孫顒於明成化六年刊行。舊序，有張翥一首，有孚二首；刊版序，有葉盛一首，朱禋、丘霽顒後序各一首。本集詩四卷，文八卷，長短句一卷。《別集》上，酬贈及寄有孚詩文；《別集》下，《文過集》及《林慮記遊》；《續集》則家乘所載墓志、歌行、祭文、列傳。而以同時朋好投贈之文爲《附録》。《續録》列於卷末。《外集》之目，仍列簡耑，然文已全佚。

蔣西圃跋　元許文忠公《圭塘小藁》十三卷，《別集》上、下二卷，《續集》一卷，附録一卷，皆商丘宋氏舊刻影鈔。余從借録，時傷暑卧病，不能展卷，命莢兒對校。原本間有譌字，闕以俟考。雍正二年七月，西圃識。

藏印　西圃蔣氏手校鈔本　西圃　拜集齋　潘茮坡圖書印　潘椒坡　不繫　崦西草堂　潘氏桐西書屋之印　樂未央宜酒食長久富　號曰曶盦

411 薩天錫詩集不分卷

明弘治刊本　四册　何石友、潘文勤舊藏　（07733）

是本卷第行款，與《滂喜齋藏書記》所載相合。《前集》第一葉有文勤印記，所舉藏印有「□葉齋」及「何石友家藏圖書」。此均相符。蓋即《藏書記》後跋所云文勤逝後悍奴鳩集書賈持目議價時所散出者。今照録滂喜齋記一則如左：

《薩雁門集》，元刊八卷，汲古閣刻三卷，附《集外詩》一卷，即《四庫》著録本也。此本分體不分卷。按《絳雲樓書目》有《薩天錫前後集》、《雁門集》。所謂《雁門集》者，當即八卷本。《前後集》即此本也。此本板心標「前一」訖「前五十一」，是爲《前集》。《前集》之後，又自一起至八十五，空白不標「後」字，當爲《後集》。明成化二十一年，兖州知府趙蘭刻之。宏治十六年，東昌知府李舉再刻。此宏治本也。前有劉子鍾、趙蘭、李舉三序。

藏印　何石友　葉家藏　潘祖蔭　齋圖書　藏書記

412 青陽先生文集六卷

明刊本　二册　季滄葦舊藏　（04881。著録作「四册」）

題「門人淮西郭奎子章輯」。首雲陽李祁序，次宋濂、余左丞傳。卷一，詩；卷二，序；卷三，記；卷四，碑銘、墓表；卷五，策、書；卷六，雜著；末附録。

藏印 季振宜字詵兮號滄葦

413 圭峯盧先生集二卷 明萬曆刊本 二册 (07734)

題「元錦田盧琦希韓著」，「董應舉莊徵甫等仝選」。卷中誤入陳旅、薩都剌之詩，而書名又誤「圭峯」爲「圭齋」。刊書如此，可謂粗率。然盧氏詩文，自有可傳。《四庫提要》稱「其詩清詞雅韻，亦不在陳、薩下」。版刻之謬，固無害於作者之本色也。

414 蟻術詩選八卷 明隆慶刊本 四册 (07735)

是爲明新都汪稷所刊，前後無序跋。每卷書名後題「元雲間邵復孺著」。復孺名亨貞，其先自睦州移居華亭。元末兵亂，浙中尤甚。一時騷人墨士，如會稽楊廉夫、天台陶九成、曲江錢惟善輩，多避居松江横泖之上。亨貞聲應氣求，更相唱和，故其詩亦有名於時。所著有《野處集》。《四庫》著録稱其集與《蟻術詩選詞選》同爲汪稷所刻，惜詩詞皆不傳。阮文達據舊鈔本傳録呈進。汪氏刊本卷一第十一、二葉均佚，嘗借阮氏鈔本對校，則此二葉排號，前後已相聯接。按原第十葉之末爲《春晴次申屠仲權韻》第二首之前半，第十三葉之始爲《庚子歲暮極寒入春餘凍不解與林子敬催春之作》之後半，一尾一首，相接適成五言。韻既相通，詞意亦復相類。使非總目具存，得見其間尚有五題，幾無能判爲兩詩，且反可執阮本以繩是刻，謂此葉號爲誤刊矣。阮氏《提要》云：「凡古今體三百七十六首，又聯句三首。」是本聯句三首在卷八，餘僅得三百四十二首，增入卷二所缺四首，尚欠三十首。兩本行款悉同，不應互有贏縮，或阮氏誤計歟。《皕宋樓藏書志》有舊鈔本，前有隆慶壬申沈明臣序。阮氏又謂馮遷、汪稷跋《野處編》，並云其書乃上海陸郯以授稷而刊行。《千頃堂書目》，馮字子喬，上海人，隆慶中與朱察卿皆以布衣稱詩。汪事蹟不詳。觀於沈序、馮跋，可知此書當刊于隆慶時也。

415－1 貢禮部玩齋集十卷拾遺一卷

明嘉靖刊本　十二册　胡茨村、繆小山舊藏（07736。著録作「明天順刻嘉靖重修本」）

題「宛陵貢師泰著」，「會稽沈性編」。卷首有至正會稽楊維楨序，邯鄲趙贄序，桐川錢用壬序，上虞謝肅序，山東李國鳳序，無年月金華王禕序，青陽余闕序，又天順癸未會稽沈性刊版序。目録後爲首卷，有紀年録、年譜、元史本傳、神道碑銘。全集十卷，詩、文各五卷，末附拾遺，詩、文合一卷。後綴沈性識語，又黄滔後序。嘉靖乙未西蜀徐萬壁、建安李默後跋。按沈性序謂：「先得《友迂集》、《東軒集》，假守甯國，先生諸孫武欽以所藏《玩齋稿》來，首尾脱落，僅得詩、文若干，於是博求之大家世族卷軸之所題識，名山勝地碑版之所傳刻，又得詩、文若干首，合前兩集，彙而萃之，各以類從，列爲十有二卷，序而刻之。」徐、李二跋則皆有「舊版散逸補刻」之語。是嘉靖刊本，實由天順本蟬蜕而出，然以後方前，實有不逮。張氏《愛日精廬藏書志》卷九《重修定水教忠報德禪寺之碑》曰「寺舊有兩大柱，茂甚。宋廬陵」下闕，從活字本校補四十一字。但「因扁其坐禪之室曰天香」，以下仍闕五百六十九字，唯天順本可補。是本「宋廬陵」以下四十一字未闕。而「天香」以下五百六十九字均未之見，且《佛智普惠禪師碑》亦闕篇首二十字，安得天順本一校正之也。

藏印　宛平王氏家藏　慕齋鑒定　胡氏茨村藏本　聖雨樓　查氏有圻珍賞圖書　荃孫　雲輪閣

415－2　又一部　鈔本　六册　郁泰峯、陸存齋舊藏　（07737）

此即傳録前本，惟闕趙贇、謝肅、李國鳳三序，黄滔後序，又徐萬壁、李默二跋。首卷紀年録、神道碑銘亦未録，惟增程文一序及卷末玩齋記。前本卷九《重修定水教忠報德禪寺之碑》末闕之四十一字，此本已闕，其他亦尚有脱佚。蓋所從出者又不及前本矣。

藏印　泰峯　前分巡廣東高廉道歸安陸心源捐送國子監書籍　國子監官印　支印　世濟　誦芬

借讀

416　居竹軒詩集四卷　明刊本　二册　（07738）

元處士燕城成廷珪撰。廷珪字原常，隱居廣陵，雖在市廛，而植竹庭院間，綽有山林意趣。扁其燕息之所，曰居竹。日與高人碩士游，行吟舉觴，悠然自得，嗜爲詩。既歿，其友郜肅彦清、劉欽叔讓輯爲是集，以授之梓。卷首有河東張翥、臨川危素、吴中鄒奕三序，郜、劉二氏序。卷末有周瑯跋。《四庫》著録亦郜、劉二氏輯本，《提要》謂「五言古詩竟無一篇」，然是本却有五古七首，疑《四庫》所收非足本也。

417－1　句曲外史貞居先生詩集五卷　影元鈔本　二册　黄蕘圃舊藏　（07739。著録作「影明初鈔本」）

題「吴郡海昌張雨伯雨撰」，「江浙鄉貢進士姪誼編類」，「吴郡徐達左校正」。前有達左序，略謂：「貞居以豪邁之氣，超然自得，清聲雅調，足與詞章宗匠趙、虞、范、楊諸子相抗衡。句曲山中，七百餘年間，前有隱居，後有貞居，清爽之氣，鍾於二子。」云云。詩凡五卷，半葉十行，行二十字。摹寫極工。

藏印 元本 甲 平江黄氏圖書

417－2 又一部七卷 鈔本 二册 鮑以文校，方柳橋舊藏 （07740）

昔年收得是書，余有舊跋，今録如左：

伯雨先生爲余始祖横浦先生六世孫，生於元季，棄家爲道士，自號貞居子，又號句曲外史，以詩名於世。其集初爲姪誼編類，凡五卷，刊於元末。明陳應符輯三卷，閔元衢、王凱度、康與可合輯補遺三卷，毛晉又輯附録及集外詩，刻之《元人十集》中。錢唐丁丙藏吴城何元錫兩鈔本，均七卷，復屬羅榘續輯補遺二卷，附録二卷，刻於光緒丁酉。是爲最近刊本。此爲知不足齋舊藏，經鮑以文手校，所據有龍洲選本、潘訒叔選本、毛本、何本，復參以《玉山草堂雅集》《大雅集》《乾坤清氣集》《元音》《鐵網珊瑚》《元詩選》《梧溪集》《松雪齋集》《僑吴集》等。讐勘異同，糾其誤收複出者。脱文漏句，悉爲蒐録。又補遺詩二十九首。同時相助爲理者，有吾邑張燕昌。其一人署名「敬身」，疑即自號龍泓山人之丁敬。以文長孫正言亦有所校正，仰承家學，世守陳編，洵無愧矣。綜觀諸本，元本所收最少，毛本續有增益，丁本後出最夥。然各本均有獨存之作而不見於他本者。毛氏自稱無奇不搜，無隱不索。丁氏更言最先最早者不及晚出之爲備。是本固視毛刻爲富，即所輯遺詩有如干首，仍爲丁氏所未録。睠懷祖德，且重爲名人校筆，涵芬樓先已有景元鈔本，因復收之，永共藏弆。甲子冬日。

張燕昌跋《龍虎山上元夜》《懷茅山》《遊仙》《次韻雲林生》《一月一日快雪時晴》《題野逸軒》，右六首，余得外史真跡。末署「至元四年歲在甲申十二月十又七日，夜宿元文，爲尢道者書，張雨謹記」凡二十八字。乾隆辛丑四月八日，海鹽張燕昌記。

藏印 鮑廷博 倚文 金石録十卷人家 知不足齋鮑以文藏書 生長湖山曲 正言之印 鮑大 方印功惠 柳橋 巴陵方氏碧琳琅館珍藏書籍 碧琳琅館珍藏祕笈 方家書庫

418 丁鶴年先生詩集不分卷 鈔本 一册 金星軺、胡篴江舊藏 （07741）

是集元刊本二：一分四集不分體，一分體析爲三卷。明正統刊本亦作三卷。《四庫》所録僅一卷，謂不知何人所編。是本分體不分卷。首至正甲子戴良序，次虎丘澹居老人至仁序，後附鶴年長兄吉雅謨丁、次兄愛理沙、表兄吴惟善詩，烏斯道《丁孝子傳》。杭州丁氏善本書室有影寫元刊本，編次相同，末有楊士奇跋，蓋又爲明覆本矣。

胡箋江跋　是集原名《海巢集》，作三卷，附録一卷。首署「門人四明戴稷戴習修江向誠向信道方外曇鍠編次」。此本蓋爲後人併作一卷，改其書名，並佚去編次人名。然其次序則與原本無小異云。

藏印　金星軺藏書記　文瑞樓　結社溪山　家在黄山白岳之間　胡笛江藏書記　當湖小重山館胡氏箋江珍藏

419　江月松風集十二卷　鈔本　四册　鮑以文校藏　（07742）

卷首有至元後戊寅陳旅序，後至元五年夏溥序。後附續集、補遺。錢塘吴允嘉、吴焯搜補詩凡四十七首，又有慕雲生補録七律一首。曹秋岳得此書時，補入元人真蹟《再次廷璋長史留宿韻》二首，謂尚多遺佚。余家藏有乾隆鈔本，卷末亦有補輯詩，溢出數十首。蓋惟善所作散失多矣。

鮑以文録朱之赤跋　《江月松風集》，元高士曲江老人錢思復所著詩也。世無刻本，出自老人手書，舊藏吴門錢磬室家，後歸陸子垂。予嘗見之。子垂殁，爲欽遠遊所得。三君皆賞鑒家高士也。遠遊頗與予善，曾再三借鈔，終靳不許。下世後，檇李曹侍郎秋岳以餅金購得之。去秋侍郎捐館，其仲君售之以圖上進，遂歸洞庭富家。友人許太學星瑞與富家有連，得假鈔此册。欲手録，未竟二篇，目昏中止。典衣得錢一佰，倩陳仲方書成，今稍暇細閲一過，並附名於篇末。康熙丙寅月潭朱之赤識於吴都俠香亭中。嘉慶十三年，歲在戊辰，上巳前二日，知不足齋補録。

藏印　歙西長塘鮑氏知不足齋藏書印　老屋三間賜書萬卷　鮑　世守陳編之家　紙窗竹屋鐙火青熒時于此間得少佳趣　荃孫　雲輪閣

420　梧溪集七卷　鈔本　十二册　孔葒谷校，吕晚村舊藏　（07743）

題「江陰王逢原吉選」。卷首錢謙益《席帽山人傳》謂：「原吉於吴城之破，元都之亡，脣齒之憂，黍離之泣，激昂愾嘆，情見乎詞。」又曰：「前後無題十三首，傷庚申之北遁，哀皇孫之見俘。故國舊君之思，可謂至於此極。」又曰「原吉發攄指斥，一無鯁避」云云。原吉身已入明，心不忘元，而明之君臣乃能優容之。當時未罹文字之禍，而其集且得流留至今，不可謂非原吉之幸也。鮑以文曾以刊入《知不足齋叢書》，顧千里爲之校訂。以勘是本，除卷七第四葉同缺外，是本尚缺卷三詩一首半，卷四八首，卷五一首，卷六十首，卷七十三首。孔葒谷雖全部校勘，然彼時鮑本未出，故未及訂補也。是本編次與鮑本微有不同，且有缺詩一聯，尚留空格，而鮑本則直貫而下者，疑所據别爲一本。原無目録，葒谷逐篇補寫，冠之簡端。

藏印　東萊呂氏明農草堂圖書印　孔繼涵印　葒谷　微波榭　只拙齋藏書

421　呂敬夫詩集不分卷

鈔本　一册　黄蕘圃、勞平甫校，顧俠君、郁泰峯舊藏　（07744）

卷首至正七年會稽楊維禎序，次《來鶴草堂藁》，次《既白軒藁》，次《竹洲歸田藁》，次天順三年崑山鄭文康記，次《鶴亭唱和》，最後有雜詩二十五首。無集名，即勞跋所謂「錯置《既白軒藁》十餘番」者也。按諸家藏本，《來鶴草堂藁》後，有《番禺藁》；《既白軒藁》後，有《草堂雜詠》。今此無之。然《來鶴草堂藁》中，《湞陽峽山飛來寺》下十四首，多在番禺境内之作，疑此二集已併合矣。黄蕘圃借吴兔床鈔本《樂志園詩集》與此對校，其集雖分八卷及補遺，而次第幾盡相同，且分卷起迄亦不以各集爲界。《鶴亭唱和》以下，爲《樂志園集》所無，故蕘圃未著一字。據此觀之，可謂此善於彼矣。卷中朱字非蕘圃手筆，疑即勞氏所校。然勞跋語氣似又别指一本，未知何故。

黄蕘圃跋　海甯吴兔床以舊鈔本示余，余取此互勘。去冬校未半，病大作，因循未了此債。新年始畢校而還之。復翁。

蕘圃所校《樂志園集》，今不知散落何所。因其跋語多涉是書，附録於後：

此册爲兔床山人藏本並手校者。介髯翁示余，余取舊藏顧秀野鈔本勘之。大段略同，而詞句互有得失，至命名則有異。此云《樂志園詩集》一至八卷，余本則分題各自爲一集：一云《來鶴草堂稿》，二云《既白軒稿》，三云《竹洲歸田稿》。鄭文康後記外，又有《鶴亭唱和》一卷。又有十葉，亦敬夫詩，無集名，未知云何。此脱之矣。卷一内，此多《南海道中》三首半，各本皆空白，因據補余本。余本《竹洲歸田稿》多「杖履」云云至「答之」，此本脱也。亦據余本補入。鄭記不全，亦據余記足之。初余校此册未半即病，病且幾死，自謂校讐事絶矣。幸天憐余之好古書，而不致與書永訣。新歲謝客，竟畢校此册。良友之託，幸遂宿諾。予喜而良友當亦共喜也。唯《鶴亭唱和》以下詩，卷帙甚繁，不能任此筆墨之勞矣。當俟他日命鈔胥續之。嘉慶歲在丁卯陬月哉生明，復翁不烈記。

勞平甫記　敬夫詩不聞有梓本。此帙余於去年春鈔得之。頃復得義門學士手校菉竹堂鈔殘帙。止《竹洲歸田稿》十一番末行詩題已割去。前有巡撫宣府關防印，義門當有題識在卷末，惜不可得見。此本頗尠誤字，行款亦同，與何校往往相合，殊有足正葉本之誤者。甲辰四月五日，巽卿記。下鈐「權」字朱文長方印。

又記　甲辰得義門學士校本上册校此，今復得下册，不勝劍合珠還之喜。乃校此册全焉。《鶴亭唱和》後，錯置《既白軒藁》十餘番，與此本相同。此學士所謂「故有敬夫詩在爾」也。何校原本，卷端有白文姓名印記，末有朱文「性好異書心樂酒德」及「太學何生」二印。己酉十月廿八日校畢漫志。下鈐「權」字「羿」字朱文方印。

422　存復齋集十卷附録一卷　影元鈔本　二册　陸時化舊藏　(07745)

卷第一題「元征東儒學提舉睢水朱德潤澤民著」，「曾孫夏重編」，「賜進士湖廣按察使東吳項璁彦輝校正」。按澤民九世祖貫，爲睢陽五老之一。其後世渡江爲吳人。《四庫》著録謂：「澤民惟長於書畫，故入其集於《存目》。以是傳本甚少，然同時如俞午翁、虞道園、黄文獻輩，並爲作序，一致推挹，其文實婉雅可誦。」是本從元刻出，半葉十二行，行二十四字，摹寫尤精。

藏印　元本　甲　陸時化印　陸印時化　渭南伯後　放翁二十三世孫　樂山書堂　静異堂印

423　鐵崖文集五卷　明弘治刊本　四册　劉疏雨舊藏　(07746)

題「會稽楊維楨著」，「毘陵朱昱校正」。卷末有「姑蘇楊鳳書於揚州之正誼書院」一行。原有明弘治十四年馮允中序，朱昱刊版序，是本均佚。《愛日精廬藏書志》謂：「卷首《圻城父老射敗將書》、《上巙巙平章書》兩篇，《東維子集》、《鐵崖漫稿》俱不載。」爲是本獨善之證。然誤認爲元刊本，蓋亦佚去馮、朱二序也。

藏印　華笑廎藏　華笑主人　蝨香樓藏　烏程劉桐一字秋崖祕玩

424 夷白齋稿三十五卷外集一卷 鈔本　三册　孔葒谷校藏　（07747）

題「臨海陳基著」，「金華戴良編」。卷首至正二十四年戴良序。賦詩十一卷，文二十四卷，《外集》、《詩文》合一卷。卷中語涉帝室均提行或空格，蓋從元本傳録。前十一卷經葒谷校過。孔氏又從《元詩選》、《玉山雅集》摘録基所撰詩，列爲《外集》。

425 水雲集三卷 明刊本　一册　（07748）

題「崑崙山長真子譚處端述」。前有大定丁未范懌德裕序，謂：「長真先生往來洛川之上，行化度人。其述作賦詠，舉筆即成。詩頌詞章，僅數百篇。又述《語録骷髏落魄歌》，警悟世人，包藏妙用，敷暢真風，引人歸善。」云云。是書祇見吴氏《繡谷亭薰習録》，題「金道士東牟譚處端著」，但只二卷，且吴録文字亦不全。此爲其門徒重刊之本。審其版刻，當在有明成、弘之間。

426　張大家蘭雪集二卷　鈔本　一册　鮑以文舊藏　（07749）

題「白龍張玉孃若瓊氏著」，「稽山孟思光仲齊氏校」。按張氏爲松陽仕族女，善詩辭，少許字沈佺。佺病卒，女以身殉。明王詔爲之傳，附録卷後，並有後人題詠若干首。是爲知不足齋傳小山堂趙氏鈔本，曲阜孔葒谷補寫全目。《四庫》入元人别集類存目，祇一卷。所收亦浙江鮑士恭家藏本云。

427　鑾坡集十卷　明洪武刊本　四册　（07750。著録作「明正德刻本」）

明宋濂撰。上題「宋學士文集」。下題「鑾坡集」「即翰苑前集」。前有洪武庚戌會稽楊維楨序、豫章揭汯序。板心魚尾上題「鑾坡前」，下題「宋文集」。按學士全集八編，有正德刊本。《翰苑集》凡四，前二集曰「鑾坡」。覈其版式鐫法，印工紙色，均有明初氣息，當爲是集第一刊版。

428　陶學士先生文集二十卷　明弘治刊本　六册　樂意軒吴氏、友漢居貝氏舊藏　（07751）

卷首弘治十二年鉛山費宏序，謂：「先生詩文甚富，在元有《辭達類鈔》，在中書有《知新近稿》，赴武昌有《江行雜詠》，守黄州有《黄岡寓稿》，在桐城有《鶴沙小紀》，總若干卷。今刻置太平郡齋，張君天益校其譌次其類。」云云。翌年刊成，張君復跋於其後，謂：「得其全集總二十餘卷，併摭其類而次之。郡侯項公偕諸君倅謀爲梓傳。」是分類編次，實以是本爲首刻也。總目後刊列先生事蹟一篇，紀載甚詳。

藏印　樂意軒吴氏藏書　平江貝氏文苑　貝印墉　簡香藏書　友漢居藏

429　始豐前稿三卷　鈔本　一册　張子和、黄蕘圃舊藏　（07752）

題「元徐一夔大章撰」。《四庫提要》謂此書行世有二本：其一六卷本；其一自一卷至三卷爲前稿，自四卷至十四卷爲後稿，皆雜文，無詩。是本三卷稱《前稿》，蓋爲後一種之一半。

黃蕘圃題　徐一夔《始豐稿》共十四卷。相傳有詩一卷，爲第十五卷，然未見也。余家所收爲六卷，而缺其第七卷以下，借顧抱沖藏本鈔足之，今可云無憾矣。子和出所藏鈔本見示，云止有其半。細數之，實止有三卷。此一半中之一半也。暇日當以余本足之。蕘圃黃丕烈。下鈐「丕」字白文、「烈」字朱文聯珠印。

藏印　張子龢珍藏書畫圖記　蓉鏡所藏　蓉鏡珍藏　芙川　琴川張氏　小嫏嬛福地　夢禪　隨時愛景光　定球字伯温號韻溪

430　虛舟集五卷　明弘治刊本　四册　黃陶菴、金元功、陸香圃舊藏　(07753)

明王偁孟揚撰。五卷皆詩集。前有解縉、王汝玉序三首。王序專論其詩；解二序，則括詩文爲言，迄於弘治。三山王世英重刻是集，東吳桑懌爲之序，則謂：「孟揚之文止有《續書評》一篇，是文集已失傳矣。」卷末別有書後一篇，謂：「先師世英翻刻是集，年久板缺，近得繕本，屬袁守鄭君克新重加校正，訂訛補闕。」云云。惜是篇撰者年代、姓氏均遭蠹蝕，竟無可考。

藏印　黃淳耀印　三山陳氏久敬堂圖書　金元功藏書記　香圃所藏　三間艸堂　張莚隈鑑藏金石文字

431 東里文集二十五卷　明正統刊本　八册　（07754）

明楊士奇撰。《四庫》著録，《全集》九十七卷，《别集》四卷。各家書目所載，則《文集》二十五卷，《詩集》三卷，《續集》六十二卷，餘爲《附録》。《提要》稱：「李東陽《懷麓堂詩話》謂楊文貞《東里集》手自選擇，刻之廣東，後其子孫又刻爲《續集》，非公意也。」按士奇殁於正統六年。是本前有正統五年黄淮序，謂：「公不遐棄，貽書以文集序見屬。」是此集刻於公之生前，當爲公所手訂之本，與《續集》之原已芟削、刻於身後者不同。惜《詩集》三卷已燬於火。

432 敬軒薛先生文集二十四卷　明萬曆刊本　八册　（07755）

明薛瑄撰。卷首有弘治己酉張鼎序，書名次行題「門人關西張鼎校正編輯」「鄉後學沁水張銓重校梓」。按張銓字宇衡，萬曆三十二年進士，授保定推官，擢御史，熹宗時出按遼東。城破，不屈死，謚忠烈。此書當爲萬曆中所刻者。莫子偲《郘亭知見傳本書目》著録有弘治己酉楊亨刊本、明張鼎刊本、雍正甲寅薛氏刊本。張鼎序云：「《文集》則先生孫、前刑部員外郎禥曾託前常州同知謝庭桂板刻未就，今年夏四月前監察御史暢亨，先生同鄉，謫官陝右，道過鎮陽，予因訪前集。暢曰：『某於毘陵朱氏得之矣。』予喜而閲之，但舛訛非原本矣。因倣《唐昌黎集》校正編輯，總千七百篇，分爲二十四卷。凡三易稿，始克成編。」讀此可知張鼎本實即弘治己酉所刻，「楊亨」爲「暢亨」之誤。而暢僅得本於朱氏，未曾付梓，足訂莫氏之誤。雍正本爲合族重刊萬曆四十二年八代孫薛士弘所刻者，校之頗多誤敚。是刻允稱善本也。

433 莊渠遺書十六卷

明嘉靖刊本　五册　朱竹垞、蔣香生舊藏　(07756)

明魏校撰，蘇州府知府太原王道行校刻，崑山縣知縣清河張焯同梓，門人歸有光編次。前有滁上胡松叙，《王知府牌行崑山縣刊刻公文》。道行字明甫，嘉靖二十九年進士，三十八年由鳳翔改任，四十一年陞常鎮兵備。四十年六月爲表章先賢文集，據監生鄭若曾家藏遺書壽諸梓。其牌示有「仰該縣著落掌印官即備羮果，親詣歸經元宅，請其校正。删次停當，動支本府及該縣無礙贓贖銀兩，及早刊刻成書」云云。有司鄭重精刊，非後來封帕可比。《四庫提要》作十二卷，當非足本。張焯閩縣人，嘉靖三十五年進士。

藏印　彝尊私印　長洲蔣氏十印齋藏書

434 靚菴詩稿漸于集四卷 鈔本 一册 (07757)

清虞山陸貽典撰。貽典字敕先又字靚菴,常熟人,與馮鈍吟同游錢牧齋之門,才名相頡頏,長于詩。歿後,其友張文鐼之子道淙於雍正元年刊其遺集,曰《靚菴詩鈔》,凡六卷。卷一曰《復存集》,卷二、三曰《吹劍集》,卷四、五、六曰《漸于集》。此鈔本分四卷,與刊本校,有無互異。然鈔本約多於刊本之半,刊本書名下,題「後學周楨無斡參校」。道淙跋謂「討論抉擇之功,出自無斡先生」。意者周氏於删節之後,更有所拾補歟。此書得自太倉顧氏。同時尚有《中原音韻》,爲敕先所手録者,惜已被燬。

435 拜經樓詩草不分卷 稿本 一册 (07758。著録作「三册」)

《拜經樓詩集》刊於嘉慶癸亥,凡十二卷。此爲吴兔床手寫之稿。丹黄殆徧,極意推敲。起嘉慶丁巳,迄己未,先後僅三年,適當《全集》卷八後半至卷十之末。取以對勘,辭句不盡相合,有再三塗乙之字,而刊本又加改竄者。此三年中詩,未刊入《全集》者尚有四十九首,殆拜經主人所自删削者歟。

436 彭尺木文稿未分卷 稿本 三册 （07759）

彭尺木名紹升，字允初，自號知歸子，江蘇長洲縣人。乾隆丁丑進士。耽習佛學，長於古文，有《二林居集》二十四卷。是爲其平日所撰文稿，句斟字酌，有一題易至數稿者，亦可見其臨文之不苟矣。每篇多經羅臺山、汪大紳之評改，討論潤色，不稍假借，並見先哲直諒虚受之誼。文凡一百六十一首，其未刻入本集者，有一百三十八首。

437 張叔未編年詩不分卷 稿本 四册 （07760）

起乾隆四十九年甲辰，迄道光十七年丁酉，即刊本《順安詩草》前四卷底稿。張氏有親筆改訂字句，與刊本不同。乾隆癸亥《得時少山方壺於隱泉王氏》四首，嘉慶庚辰《盆梅感賦》一首，均刊本所未載。又每詩均注月日，亦刊本所無。

藏印 秀水莊氏蘭味軒收藏印 聘伊曾藏

438　六臣註文選六十卷　宋刊本　六十册　(07761)

卷首呂延祚進五臣集註表，高力士宣口勅，次昭明太子序，次全書目録。書名次行題「梁昭明太子撰」，「唐李善註」，「唐呂延濟劉良張銑呂向李周翰註」，凡四行。半葉十行，行十八字，小註雙行，行二十一、二、三字不等。左右雙闌，闌外有耳，題篇名。版心細黑口，雙魚尾，上間記字數，書名署「文選幾」，或「文幾」，或「選幾」。卷末間有題「六臣音註文選」者。宋諱「玄」、「眩」、「泫」、「絃」、「弦」、「袨」、「朗」、「竟」、「境」、「弘」、「泓」、「殷」、「匡」、「筐」、「眶」、「胤」、「恒」、「禎」、「貞」、「楨」、「赬」、「偵」、「徵」、「懲」、「署」、「樹」、「豎」、「頊」、「勗」、「桓」、「姮」、「垣」、「洹」、「完」、「莞」、「構」、「搆」、「媾」、「覯」、「遘」、「轂」、「慎」、「惇」、「敦」、「憝」、「廓」、「郭」、「槨」等字時有闕筆。按《六臣注文選》余所知宋刻有四：其一，明州本，紹興八年修正，無初刊年月，向爲張月霄所藏，今不存。其二，秀州州學本，刊於元祐九年，今祇見高麗活字覆本，爲吾友陳乃乾所藏。其三，廣都裴氏本，刊於崇甯五年，今故宫博物院有殘本，行世者皆明嘉靖吴中袁氏覆本。此二本均《五臣註》在前《李註》在後。其四，贛州本，無刊版年月，宋諱避至「桓」字，亦爲北宋所刊，即茶陵陳氏本所自出。鐵琴銅劍樓瞿氏有之，則《李註》在前而《五臣註》

在後，與前二本適相反。是本《李註》、《五臣註》，或先或後，並無定則，且時有「五臣本作某」、「五臣本無某」、「五臣本有某」，或「善本作某」、「善本無某」、「善本有某」之小註。彼此讐對，其校勘固自不苟，惟左太冲《吴都賦》註「趫材悍壯」註，引《胡非子》，已誤《韓非子》；潘安仁《閑居賦》「祁祁生徒」註，引韋孟詩，已誤作「安革猛詩」。沿譌踵謬，時所不免。是本無刊版時地，審其字體，當爲建陽刊刻。避甯宗嫌諱，則必在慶元以後也。卷三十至三十五，鈔補亦舊。

439－1　玉臺新詠十卷　明覆宋本　二册　馬笏齋、錢犀盦舊藏　（07762）

此爲明吴郡趙氏覆刻宋本。半葉十五行，行三十字。鐫印極精。卷末原有崇禎六年癸酉四月趙均跋，書估每撤去僞充宋刻，此亦不存。

藏印　武原馬氏藏書　海陵錢犀盦校藏書籍　教經堂錢氏章　犀盦藏本

439－2　又一部　版本同前　二册　孫淵如舊藏　（07763）

卷末趙跋亦失去。

439－3 又一部 版本同前 四册 李芋仙舊藏 (07764)

嘉道兩朝獲覩此本者，一時名下，如甯化伊秉綬、漢陽葉志詵、錢唐屠倬、上元管同、梅曾亮、陽湖劉嗣綰、甘泉汪喜孫、錢塘陳鴻壽，均有題記。墨采紛披，印章稠疊，蓋當時固視爲極罕見之宋本也。新化鄧伯昭以贈忠州李芋仙，芋仙以贈江陰何廉昉。何氏書散，迺入於涵芬樓。

440 河嶽英靈集三卷 明刊本 一册 毛斧季校，黄蕘圃舊藏 (07765)

原分上、中、下卷。毛斧季據舊鈔本校，改爲二卷，與陳振孫《書録解題》合。校正訛字甚多，《儲光羲訓棊母校書夢遊耶溪見贈之作》一首，改至二十二字。王昌齡《詠史觀江淮名山圖》一首，改至九十三字，知所據非常本矣。

壬戌五月廿一日，從舊鈔本校一過。毛扆。在卷末。

虞山邵朖仙借勘一過，時癸亥三月。下鈐「恩多」朱文圓印，「朗仙」白文方印。

黄蕘圃跋 東城任蔣橋顧氏，藏書舊家也。余從其族中得來佳本最多。一日藏書盡散，有書友捆載而歸，邀閲之，悉爲其家藏書之下乘。舊刻名鈔，無一存者。惟此【本】爲汲古主人手校本。急檢出，以賤直易之。滄海遺珠，竟爲象罔之得，喜何如之。蕘圃。乾隆癸丑秋收。

又跋　右《河嶽英靈集》二卷，係汲古主人毛斧季手校本。渠所据，云是舊鈔本。《集》中改正處尚未細審是否，即其分卷之妙，已爲可珍。案陳振孫《書録解題》總集類有云：「《河嶽英靈集》二卷。唐進士殷璠集常建等詩二百三十四首。」則此分卷與解題合。近人撰集書目，僅據俗本分卷之三，而爲之説曰，「推測其意，似以三卷分上、中、下三品」，奚啻癡人説夢。古書可貴，即此已見。余故重裝而藏諸篋，爲題數語於尾。時甲寅二月廿五日，古吴黄蕘圃識。

【甲寅杏月下瀚命工錢瑞正重裝。】

藏印　丕烈私印　蕘圃　蕘圃讀書記　楊灝之印　繼梁

441　文粹一百卷　元刊本　三十二册　查映山、劉麓樵舊藏　（07766。著録作「明初刻遞修本」）

前有吴興姚鉉序，末有寶元吴興施昌言後序。書名稱《文粹》，間有加「唐」字或「唐賢」二字者。左右雙闌，版心上下細黑口，雙魚尾，書名署「文卒幾」。下記刻工姓名。

每卷首行書名下記文類，如古賦、古調等若干首。次行題「吴興姚鉉纂」。三行記本卷總目，目連正文。半葉十五行，行二十五字，有多至三十一字者。書凡百卷，中有十卷析爲子卷。是實有一百一十卷矣。前後序「我宋皇帝」、「殿中」等字，均提行，猶存宋版舊式。

藏印　查瑩私印　聖雨樓　查氏有圻珍賞圖書　太史氏　海陵劉氏染素齋藏書印

442　萬首唐人絶句一百一卷　明嘉靖刊本　四十册　怡府舊藏　（07767）

卷首紹熙元年洪邁序，次《重華宫投進劄子》，又《重華宫宣賜白劄子》，洪邁《謝表》，又《别奏劄子》，又《奏耿柟不受書送劄子》，又《謝南内奏狀》。此據宋嘉定越州刊本覆刻，故提行空格悉依舊式。目録分二類：前七言，凡七十五卷；後五言，凡二十五卷。附六言一卷。尚有二年洪邁題語，嘉定新安吴格、汪綱二跋均佚。

藏印　怡親王寶　冰玉山莊　賜額　忠孝爲藩　綸音　好書猶見性情醇　徐印開任

443 聖宋名賢五百家播芳大全文粹

宋刊本　四十册　季滄葦、劉疏雨舊藏　（07768）

卷首紹熙改元庚戌南徐許開仲啓序，謂：「鉅鹿魏君仲賢、南陽葉君子實爲墨林書市類集是書。」然序中未著卷數。《延令宋板書目》「宋刻《播芳文粹》十九本不全」，黄蕘圃注：「按此書今歸眠琴山館。」是本有「季振宜藏書」及「劉桐珍賞」印記，必即此不全之本。市估作僞，飾爲百卷之數。或重刻一葉，或移易全行，或剜改數字，或摹寫版心，故原書究有若干卷數，殊難確定。錢竹汀謂：「過南潯鎮，晤劉疏雨，觀所藏書，有是書一百卷。每卷或析爲上、下或上、中、下。」似匆匆展閲，亦未詳攷也。按卷首《本朝羣賢總目》外，尚有《雜文之目》一葉，其次第與卷目相合，即與皕宋樓陸氏所藏鈔本亦同。所闕篇帙，當屬無多。又鐵琴銅劍樓瞿氏增輯之本，其次第亦無差異，然則先後似未倒易。其僞爲者，不過以子卷充正卷，析一卷爲二卷而已。半葉十四行，行二十五字。左右雙闌，版心雙魚尾。上記字數，下記刻工姓名，僅吴召一人，及文、吉、士、元四字，亦有標日、月、盈、昃、甲、乙、丙等字者，當爲他事記號也。公私藏弆，盡屬鈔本。獨此裒然巨帙，尚爲天水舊刊。雖非完書，要稱祕笈。所恨妄人無識，任意變亂，致原書卷第無可追尋。市估無足責，彼盲目收書致釀成此等惡習者，乃真可責耳。

藏印　方岩　季振宜藏書　劉桐珍賞　烏程劉桐一字秋崖祕玩　華笑廎藏　虞山許氏圖書之印　吴江徐氏記事　石川張氏崇古樓珍藏印　王蕘　鑫香樓藏　陶菴　芳洲

【藏印】范鍇借觀【按：與「方岩」一印同鈐者，尚有爵形印一、方形印一，均不能辨爲何字，然則其爲元明人印無疑也。】

444 東澗先生妙絶古今文選四卷

宋刊本　四册　（07769。著録作「元刻本」）

《四庫提要》據趙汸《東山存稾》定爲湯漢所編。卷首有淳祐壬寅東澗自序，寶祐丁巳趙汝騰序。序題紫霞老人者，汝騰别號也。所采爲《春秋左氏》《國語》《孫子》《列子》《莊子》《荀子》《淮南子》《國策》《史記》、揚雄、劉歆、諸葛亮、韓愈、柳宗元、杜牧之、范仲淹、歐陽修、王安石、曾鞏、蘇洵、蘇軾凡二十一家，七十九篇。趙汸謂：「其去取之間，篇篇具有深義，因作爲題後以發明之。今欲知作者之意，可先就《東山存稾》攷之。」半葉十行，行十八字。宋諱「朗」、「貞」、「徵」、「桓」、「慎」等字偶闕末筆。卷首二序，以明刻補配。

藏印　李氏文通　香河李氏家藏書畫印　曹溪金氏　二西齋

445 吴都文粹十卷 鈔本 五册 王蓮涇校，貝簡香、顧湘舟舊藏 (07770)

是書宋槧久佚，宋蔚如得舊鈔本，嘗轉録以貽同好。錢東皋曾鈔存一部，跋稱「舊鈔缺譌，蔚如得宋槧本補之」。然則宋氏固有宋槧舊鈔兩種。諸家所藏，多由宋氏傳録。是本爲王蓮涇所鈔，亦出自宋氏，但兼據馬寒中藏本校正。王氏跋謂：「有異同處用硃筆改削補添，大有裨益。」按卷七范成大《梅譜跋語》，王氏據他本削二十九字，補九十三字，並增後序一首；范村《菊譜略》，王氏據他本補前後序各一首；龔頤正紹興中《提舉徐誼給壽甯院常平田記跋》，原本僅二十七字，王氏校改爲九十三字。又錢東皋跋謂：「卷十寇國寶之無題詩與跋，賀鑄之《題横塘路青玉案詞》與跋，舊鈔俱有缺譌，宋氏已加補正。」而此本無寇詩，賀有詞而無跋，王氏均未校補。觀此知宋、馬兩本並不同出一源也。

王蓮涇跋 有宋鄭虎臣《吴都文粹》，世無槧本，所傳唯鈔白本。往年余急欲覩是書，不惜重資，從湖客購得之。中有舛錯脱漏，讀不可成誦，中心耿仄。歲壬寅，幸婁東宋蔚如兄鈔惠一部，内行款多不齊，隨倩人另鈔，整齊完善。先後兩次細校，粉塗改竄，尚多魚魯。歲乙巳秋仲，有海甯沈君任瞻，攜宋槧舊鈔諸籍見示。中有是書，遂得丐歸。再校之，有異同處用硃筆改削補添，大有裨益。今此本雖不敢謂盡善，然謬譌已去十之六七矣，洵可藏也。沈君書乃故友寒中馬君藏本，其中重出、差誤特多，并爲改正。寒中物故僅三載，藏書已散落無存。撫其書，不勝人亡物在之感。旹雍正三年歲乙巳重九前二日，蓮涇王聞遠校於孝慈堂之東牕。

貝簡香跋　嘉慶己巳仲冬，於城南三益書林得精鈔《王黄州集》、《洪盤洲集》與是書，皆孝慈堂舊物也。惜余外舅五硯袁先生已歸道山，未得同觀爲悵耳。貝墉記。

藏印　吴松江上　王印聞遠　蓮涇　平江貝氏珍藏　簡香藏書　簡香父　簡香曾讀　千墨莽藏　長洲顧氏藏書　澧蘭又號湘舟

446 疊山先生批點文章軌範七卷 元刊本　二册　錢牧齋評點，宋漫堂、許運昌舊藏　（07771）

題「廣信疊山先生謝枋得君直編次」。前後無序跋。目録中段有門人王淵濟識語數則。全書七卷，以「侯」、「王」、「將」、「相」、「有」、「種」、「平」七字分標，此猶是未改「九重春色醉仙桃」之原本也。半葉十行，行二十二、三、四字不等。卷首有錢牧齋名印。許跋稱「是牧翁所閲善本」。目録每卷均註「選若干篇」，眉端行間朱墨紛披，評點殆徧。評語於韓昌黎文推許備至，而獨於《原道》與《孟簡尚書書》兩篇闢佛之辭，多所詆斥。此可爲牧齋手筆之證。

許運昌跋　康熙壬辰之秋，余客商邱館舍，漫堂先生持此見贈，乃錢牧翁所閲善本也。苦雨淒風，孤燈丙夜，得與吾鄉前輩相晤對，亦客情第一樂事也。是歲下元望後二日，後學許運昌記。

二氣旋時破大荒，六爻動處見文章。天心地肺應无極，海錯山珍詎有常。世道主持鄒紹魯，玄機參透老開莊。後生蠡管安能述，漫向凡間綰七襄。七五老人子言書。

藏印　錢印謙益　許昌私印　高陽伯子　惲印應翼

447　詩準四卷詩翼四卷　宋刊本　各存二卷　二册　季滄葦舊藏　（07772）

兩書均僅存前二卷，有目無序，不著撰人名氏。《四庫》著録爲明刊本。題「宋何無適倪希程同撰」。是本半葉十一行，行十八字。宋諱「匡」、「恒」、「貞」、「桓」、「構」、「慎」諸字均闕筆。版心上記字數，《詩準》下記刻工姓名，祇李林、王昭二人。書名題一「詩」字。《詩翼》僅題一「中」字，無刻工姓名。所選唐宋人詩，與《提要》所載同，惟《詩準》則略有不合。《提要》稱：「雜撮古謡歌詞一卷，又附録一卷，復掇漢魏晉宋詩二卷，而以《齊江淹》一首終焉。」又謂：「《岣嶁山碑》全用楊慎釋文，《大戴禮几銘》並用鍾惺《詩歸》誤本，疑爲明人所僞託。」云云。是本平分四卷，前二卷却爲古謡歌詞，然目中並無「附録」之名，且亦無《岣嶁山碑》。即所引《大戴禮几銘》，「皇皇惟敬」下不疊「口」字，與鍾惺所刻《詩歸》異。蓋《四庫》所收必明人改纂之本，故不免稍有參差。此則猶爲宋刊宋印，館臣所未見也。據明本尚有淳祐癸卯金華處士王柏仲會父序，此已佚。兩書卷首，均有「季振宜藏書」印記。《延令宋板書目》有《詩準》四卷、《詩翼》四卷，注「四本宋板」，必即此書，惜今僅存其半矣。

藏印　季振宜藏書

448－1　唐人集　明活字本　存四十七家　六十册　（每種獨立編號，與下部混編，起07774，訖07847）

是書總目已失，存者凡四十七家。計《太宗集》二卷，《玄宗集》二卷，《許敬宗集》一卷，《虞世南集》一卷，《盧照鄰集》二卷，《張九齡集》六卷，《楊炯集》二卷，《王勃集》二卷，《李嶠集》三卷，《杜審言集》二卷，《駱賓王集》二卷，《蘇廷碩集》二卷，《陳子昂集》二卷，《張說之集》八卷，《沈佺期集》四卷，《孫逖集》一卷，《王摩詰集》六卷，《崔灝集》二卷，《祖詠集》一卷，《李頎集》三卷，《儲光羲集》五卷，《王昌齡集》二卷，《常建集》二卷，《劉隨州集》十卷，《崔曙集》一卷，《孟浩然集》三卷，《岑嘉州集》八卷，《包何集》一卷，《包佶集》一卷,《李嘉祐集》二卷,《秦隱君集》一卷,《高常侍集》八卷,《皇甫冉集》三卷,《皇甫曾集》二卷,《錢考功集》十卷,《韓君平集》三卷,《郎士元集》二卷,《嚴維集》二卷,《耿湋集》三卷,《戴叔倫集》二卷,《盧綸集》六卷,《李益集》二卷,《李端集》四卷,缺第一二卷《司空曙集》二卷,《武元衡集》三卷,《權德輿集》二卷,《羊士諤集》二卷。

448－2 又一部

版本同前　存二十四家　三十一册

此帙計存有《虞世南集》、《盧照鄰集》、《楊炯集》二部、《李嶠集》缺下卷、《陳子昂集》、《張説之集》、《沈佺期集》、《崔灝集》、《祖詠集》二部、《常建集》、《劉隨州集》、《崔曙集》、《包何集》、《包佶集》、《秦隱君集》、《高常侍集》、《皇甫冉集》缺上卷、《錢考功集》、《耿湋集》、《戴叔倫集》、《司空曙集》、《武元衡集》、《權德輿集》、《羊士諤集》,皆與前重出也。

449 二妙集八卷

明成化刊本　二册　(07773)

虞道園《河東段氏世德碑》謂:「克己、成己之幼也,禮部尚書趙公秉文識之,目之曰『二妙』。」其後編其兄弟二人所爲詩,即以名其集。此爲明成化辛丑中州賈定重刊之本。原有吴澂序、《道園世德碑銘》、泰定四年別嗣輔《刊版誌語》,均依舊式,刊列前後。《集》

凡詩六卷，樂府二卷。半葉九行，行十六字。字大版寬，書式奇古。

450 國朝文類七十卷 元至正刊本 四十册 顧千里、汪閬源、袁漱六、繆小山舊藏 （07848）

元蘇天爵輯。卷首《至正二年江浙等處儒學提舉司下杭州路西湖書院繕寫雕印刊補改正公文》，次元統二年王理、陳旅二序，次目録。目後有「儒士葉森點對」一行。卷四十一《經世大典軍制》，起第五十八葉，至卷末第七十六葉，除第五十八葉尚存殘缺末二行原板外，餘均已將卷首《公文》所載缺少一十八板之數刊補完全。半葉十行，行十九字。版心上記字數，下記刻工姓名，然不全記。末有元統三年王守誠跋。印板稍遜，間有鈔配。舊爲繆藝風所藏，見《藝風堂藏書續記》。

嘉慶甲戌夏五月，吴嘉泰借黄復翁所藏元印本校讀。在卷一末

藏印 嘉泰私印 東屏 顧印廣圻 顧印千里 汪印士鐘 古潭州袁臥雪廬收藏 寄松 審研堂

451 元文類 明覆元本 存卷二至七十 十九册 鄭端簡、項少谿舊藏 （07849）

前後序跋僅存元統三年王守誠一首，卷一闕，餘六十九卷全。葉盛《水東日記》謂：

「明坊本自增《考亭書院記》、《建陽縣江源復一堂記》並《高昌偰氏家傳》。」是本均無之，而與前本行款相同。卷四十一《經世大典軍制》之一十八板亦不闕。錢謦石謂「明晉藩用西湖書院本翻雕」，當即此本。攷卷末鈐印，知爲吾邑鄭端簡舊藏。端簡名曉，字淡泉。嘉靖癸未進士，官至刑部尚書，忤嚴嵩落職。著有《吾學編》《今言類編》《古言類編》等書行世。履準，其次子也。

藏印　淡泉　大司寇章　海濱逸民　平泉鄭履準凝雲樓書畫之印　凝雲深處　清暇奇觀　浙東項氏書畫私印　少谿

452 國朝風雅七卷雜編三卷　元刊本　存四册　黄蕘圃、汪閬源舊藏　（07850）

羅振玉題　蔣氏此編，明焦氏《經籍志》、黄氏《千頃堂書目》、阮氏《進呈書目》、張氏《愛日精廬藏書志》並作三十卷。此殘本七卷，每卷一目，不記卷數。目録首行，上題「國朝風雅」，下題「蔣易編集」。每卷或一二家，多至七八家不等。每家各自爲編。首行上書姓氏，下題姓名、籍里，或並著履歷。書口亦書作者之字，不題書名。每版所記版數，亦各家分記，蓋隨得隨刊，故不相銜接也。七卷中六卷有目，其吴閑閑、黄松瀑、李坦之、張伯雨、薛玄卿、何潛齋、毛静可、僧虚谷八人之詩則無目，殆脱佚也。每家詩末或略加評論，或記作者事實，或紀選刻歲月，然非每家皆然。《雜編》則分上、中、下三卷。目録首行題「國朝風雅雜編」，次行題「建陽蔣易師文編集」。目録但書詩題，不著人名，而於卷内書之。每卷首題「國朝風雅」，書口題「雜編上」、「雜編中」、「雜編下」。每版所記版數，分三卷書之。愛日精廬著録之三十卷本，乃士禮居舊藏，載黄蕘翁跋，謂：「以三十卷本與所藏殘本及香嚴書屋殘本校，每多歧異。」三十卷本，每卷無子目，而前有蔣易自序及黄溍、虞集二序，並目録。虞序言：「此書三十卷，以劉静脩爲首，而終之以《雜編》三卷。」張氏《藏書志》謂：「始劉夢吉，終陳梓卿，凡一百五十五家。」阮氏謂：「卷一至二十七止，凡八十五家。」今檢《雜編》三卷，上卷二十家，並馬祖常、宋本、謝端三人聯句一篇作三家計之，共二十三家；中卷三十一家；下卷二十一家。三卷總計七十五家。其他七卷，都二十八家。合一百有三家。視張氏所舉少五十二家。然如阮氏言，卷一至二十七，共八十五家，再益以《雜編》七十五家，則都計一百六十家，與張氏百五十五家之數又不合，不可解也。黄跋又謂：「三十卷本當是因版片不全，子目盡失，遂按人姓名分卷，加此題頭。」然則此不題卷數之本，當是未經改併者。校之足本，尤足珍矣。又據易自序及黄、虞兩序，並稱「皇元風雅」，而此本實題「國朝風雅」，不知三十卷本每卷書題如何，惜蕘翁未言及也。此本爲汪閬源舊藏，每册首有「汪士鐘印」、「閬源真賞」二印。每半葉十行，行十八字。元槧元印，極精雅。《雜編》卷尾有蕘翁手録香嚴本四册中詩人姓名、履歷並題識二行。吴中舊書，傳是、述古所藏散佚殆盡。予于光緒乙巳春，既于南潯沈氏，得東海徐氏所藏宋本《肇論中吴集解》，秋間復得此書，古緣不淺矣。戊申二月，上虞羅振玉題記。

藏印 汪印 閬源 士鐘 真賞

453 皇元風雅前集六卷後集六卷 元刊本 六册 朱竹君舊藏 （07851、07852）

《前集》題「盱江梅谷傅習説卿采集」，「儒學學正孫存吾如山編類」，「奎章學士虞集伯生校選。」《後集》無「傅習采集」一行，餘同。《前集》有虞集序，《後集》有謝升孫序。《四庫提要》云：「《前集》首劉因，凡一百十四家；《後集》首鄧文原，凡一百六十六家。」人數無甚差異，惟前後各十二卷，此則各六卷。疑《四庫》所收之本，已爲後人分析。是書名目體例與蔣易所編相同。蔣編以劉静修居首，虞序稱其「高識卓行」。是編前有諸家姓氏，冠以伯顔丞相，並無劉氏之名，而卷中却有劉詩七首。虞序亦稱其「高識遠志」。其他詞意，略與前序仿佛。伯生作家，類似之書，先後撰叙，何竟出以雷同之詞？錢竹汀嘗指爲江西書肆人所爲，假道園名以傳。序文淺陋，未必出道園手。其言誠然。即前書亦何莫不然。半葉十三行，行二十一字。《後集》印板較佳，舊爲朱笥河學士所藏。

後集目録後之木記　本堂今求名公詩篇隨得即刊難以人品齒爵爲序四方吟壇士友幸勿責其錯綜之編倘有佳章毋惜附示庶無滄海遺珠之嘆云　李氏建安書堂謹咨

藏印　秦氏家藏　泰年之印　大興朱氏竹君藏書印　朱筠竹君　茉花吟舫　今人古心　裒樸

454 唐詩始音一卷正音六卷遺響七卷　明刊本　八册(07853)

題「襄城楊士弘編次」。《四庫提要》稱：「士弘自序十五卷，實《遺響》有一子卷。」今按《遺響》有卷之上而無下，蓋爲後人誤併矣。原有虞集序、楊士弘自序、凡例，此均佚。每集有目録并序，又有作者名氏，此僅《正音》有之，餘均不存。三種皆題「新淦張震文亮輯注」。《提要》謂「其仕履始末及朝代先後皆未詳」，又疑其爲明人。按所注地名，均用明制，益可爲證。《平津館鑒藏書籍記》列入元板，誤也。《記》稱《始音》目録後，有「廣勤堂鼎式木印」、「建安葉氏鼎新繡梓」長木印。此亦不存。僅卷末有「鑑池草堂」、「尚白齋」木印二方而已。

藏印　王定安讀　千里珍弆　湯曰鑑之印　勘書巢　寶宋閣　鐵華珍賞　陳經之印信　驥　良齋

455　草堂雅集不分卷　鈔本　二册　宋賓王校藏　(07854)

婁東宋賓王嗜鈔書，以《玉山草堂雅集》汲古閣刊本多譌，思爲校補。賓王先得十三卷本，嗣借得王蓮涇舊藏，乃增至十七卷，其編次亦異，因補録之。每家目録所記首數，實核之亦大有增減。當是集合數本傳録，尚未編定之稿。宋氏校訂極細，惜已殘闕不全。

宋賓王記　古崑山爲壯哉縣，宋嘉定間割東南鄉別立縣官治，名之曰嘉定，記建始之年也。前明弘治間又割崑、常、嘉三邑地，建太倉州，然並隸蘇府。譬諸譜誼，猶兄弟行也。今雍正丙午，陞州爲直隸，分嘉定、崇明來屬。眉山譜族所謂「漸至于涂人，吾州之于玉山是也」。兹鄉先賢雅集，曾經汲古閣鐫板，緣毛氏所刊之書多譌，難以爲準。向晤蓮涇王先生，云「此集首柯九思」。予得石門鈔本首陳基者，共一十三卷，中闕三、六、九等卷。因其格行委窄，繕寫不恭，置而未補。今年春，桐鄉金元功得洞庭翁氏本，亦首陳基者，借之較對，另立格行，以補石門之闕。暇則併鈔之。夏初入郡，謁王蓮涇，求假其手鈔本觀之，凡一十六卷。其第一有前後卷，實一十七卷，七十九人，詩篇□四百有零，較初補脱柯九思、陳旅、李孝光、束氏昆季、徐達左、繆嵓、湯成、僧自恢九人。時寓桃花塢，較梅宛陵、胡仲子諸集未暇，因檢九人詩寄歸補闕，謂得其全。及歸翻閲，見蓮涇與翁氏藏，乃人同詩異。再檢鐵崖先生所爲序，云：「兹集自予而次，人凡五十餘家，詩凡七百餘首。」于人詩不符外，又疑有鐵崖詩冠首，豈祗集序耶？遂録目而兩存之，俟真本定焉。余三補兹集，以鄉先賢故。恐雅事漸失真傳，併録以識。至卷帙之不整，惟識者諒之。丙午立秋後十日，古東倉宋賓王蔚如記。

又記　續于雍正十年五月夏至前三日，在蘇郡盍簪坊金星軺藏書之室，得見《玉山草堂雅集》。首楊維楨詩百三首，其第二卷陳基以下，悉同無異。

藏印　嘉定錢侗所藏祕書　褭殘守闕

456　元音十二卷　鈔本　二册　知不足齋舊藏　（07855）

題「孫原理編」。卷端有辛巳九月曾用臧序。《四庫提要》引烏斯道序稱「孫原理爲甯波人」，此已佚。又謂「辛巳爲建文三年，以靖難革除年號」。是本爲王蓮涇傳録朱竹垞、葉石君藏本，知不足齋又從王本傳録。昔人以朱筆校過，然非出鮑氏手。校者別字因居，亦頗精審。

鮑氏録王蓮涇跋　康熙歲辛卯，是書借鈔於竹垞朱先輩家中，多脱訛。不可成誦。每一檢讀，輒怏怏不樂。歲辛丑初秋，偶得洞庭山石君葉先生録本，遂力疾讐校，補寫闕葉。於溽暑中日揮汗三斗，弗顧也。四閱日校畢。雖不敢信爲善本，然謬譌删十之八九矣。惜鈔書人字畫潦草率略，異日别得傭書友，再録一過，甯不快甚。閏六月二十又九日，蓮涇學人識於四美軒之西牕，時病痢未愈也。

【乾隆戊戌六月二十二日庚戌初伏日校。是數日熱甚。因居記。卷三。

六月辛亥大雷雨朝晴後四年七夕前一日重閲。時朱南溟惠鉄蕉沛酒新晴正佳盆蘭初吐乃入末伏第一日。卷四。

初八日校于□□。卷五。】

457 金蘭集稿四卷 鈔本 一册 朱卧菴、黄蕘圃、汪閬源舊藏 （07856）

題「東海徐達左編次」。達左履貫，暨本書體例，詳見黄蕘圃跋。卷首《耕漁軒詩序》二首，一至治二十二年介休王衍作，一至正二十五年古汴沙門道衍作。次嘉陵楊基《耕漁軒記》，次輯《姑蘇志乘·徐氏傳記》三則。書凡四卷，後附補録。《四庫》所收，爲其十一世孫刊本。《提要》稱三卷，又有徐珵《耕漁子傳》，而此無之，疑有增併矣。

朱卧菴跋 《金蘭集》當時應有刻本，此假於陸子繩仲，蓋鈔本也。惜字多誤繆，因力爲訂正，稍覺可讀。春夜微醺，校此二卷。丁卯清明前一日，卧庵道士赤書。在卷二後。

又跋　清明天陰，門無過客。適得宋端州石天河玉池硯，試方于魯墨，校此二卷，殊爲快意。卧菴老人之赤。在卷四後。

黄蕘圃跋　嘉慶丁巳夏仲，有杭州書友攜宋本《温國文正司馬公文集》，共十四册，八十卷。内缺九卷，明人鈔補。余取視之，于劉嶠表文第一葉後，餘紙有朱書「洪武丁巳秋八月收」八字，下有「徐達左印」小方印一，「松雲道人徐良夫藏書印」大方印一。於八十卷後空葉，有墨書細字三行，云：「國初吴儒徐松雲先生收藏《温公集》八十卷，缺九卷，雍謹鈔補，以爲完書云。弘治乙丑秋九月望日，石湖虞雍謹記。」余初不知徐松雲先生爲何人，後謁錢少詹于紫陽書院，告以姓徐名達左字良夫者。少詹曰：「子何忘之耶？即元末明初類編《金蘭集》者也。良夫世居吴之光福山，今有徐友竹，善鐵筆而富藏書者，即其子孫。」歸家檢《金蘭集》閲之，知良夫所與遊者，皆一時名公鉅卿，高人逸士。倪雲林題其《耕漁軒詩》云：「載耕載漁，爰讀我書。」則良夫之書必多且富矣。惜《金蘭集》中大都叙其友朋唱和之樂，而於藏書未一及焉，爲恨恨耳。幸四百餘年之後，以散在他鄉之物，猶得見我郡先賢手澤，古香古色。流露於古紙堆中，豈非大幸。且良夫之號松雲道人，亦爲郡志家乘所不載，而兹復得以表章者，非又一韻事乎。余性嗜古書，於宋刻尤不忍置。《温公集》以議直不諧，力又難以副我好，遂聽書估取去。未知吾鄉故物，此後轉入何地？

因留此跡于是集餘紙，俾後之好古者覽焉。嘉慶二年，歲在丁巳端陽後三日，書于讀未見書齋之南軒。蕘圃黄丕烈。

458　錫山遺響十卷　明正德刊本　三册　天一閣舊藏　（07857）

是編專輯錫山人士所撰古今體詩。起自南朝劉宋，迄於有明中葉。每人名下，略記其生平及著述，如楊龜山、周此山、楊眉菴輩，則以流寓而得列名其間。綜計凡一百五十三家。邑人翟公厚、潘繼芳先後裒集，同邑莫息復加采擇，定爲十卷。前有正德庚子邵寶序，卷末有弘治乙丑莫息後跋。舊爲天一閣所藏，散出未久，入於涵芬樓。

459　盛明百家詩前編一百五十三卷後編一百五十卷　明隆慶刊本　一百册　法梧門舊藏　（07858）

明無錫俞憲汝成輯。《前編》起嘉靖癸亥，訖丙寅，凡一百六十九家。《後編》起嘉靖丙寅，訖隆慶辛未，凡一百六十二家。仿殷璠《河嶽英靈集》例，每人各冠以小序。《四庫提要》譏其「略於明初，詳於同時，務爲標榜聲氣」，此誠不免。然如斯鉅帙，流傳至四百餘年，一無殘闕，得以考見當時詩家流別，亦藝林中所當珍視者也。

藏印　翰林院官印　存素堂珍藏印

460　唐詩二十六家五十卷　明嘉靖刊本　二十册　(07859)

卷首有黄貫曾、黄姬水刊書序各一。《李嶠集》三卷，《蘇廷碩集》二卷，《虞世南集》、《許敬宗集》各一卷，《李頎集》三卷，《王昌齡集》、《崔顥集》各二卷，《崔曙集》、《祖詠集》各一卷，《常建集》二卷，《嚴武集》一卷，《皇甫冉集》三卷，《皇甫曾集》、《權德輿集》、《李益集》、《司空曙集》、《嚴維集》、《顧況集》各二卷，《韓君平集》、《武元衡集》各三卷，《李嘉祐集》二卷，《耿湋集》三卷，《秦隱君集》一卷，《郎士元集》二卷，《包何集》、《包佶集》各一卷。

目録後牌記　嘉靖甲寅首春江夏黄氏刻于浮玉山房

461　詩紀一百五十六卷　明嘉靖刊本　四十册　天一閣舊藏　(07860)

題「巡按陝西監察御史太原甄敬裁正」、「陝西按察司僉事北海馮惟訥彙編」。卷首甄敬序，河中張四維序，次凡例，次引用諸書，次總目。全部四集：《前集》，古逸詩，凡十卷；《正集》，自漢及隋之詩，凡一百三十卷；《外集》，仙詩、鬼詩，凡四卷；《别集》，前人論詩之語，凡十二卷。每集卷末均有督刊、校正二人銜名。督刊者，秦州知州李宋。校正者，《前集》蘭州知州陳經正，《正集》儒學生員白純，《外集》儒學訓導馬儐，《别集》儒學生員王瑶。《四庫》著録者爲吴琯重刊本，《提要》謂校讐較此爲詳。昔年嘗購得初印本一部，紙墨絶精，與是本並儲，曩歲不幸燬於火矣。

藏印　天一閣　古司馬氏

462　四家宫詞　明嘉靖刊本　二册　（07861）

卷首黄魯曾序，詳述所以編選四家之由。四家者。一王建，二花蘂夫人，三宋徽宗，四王珪。卷末有郭雲鵬後跋。

463　明文海四百八十二卷　鈔本　一百四十册　（07862）

《四庫》著録題「黄宗羲編」。《提要》引閻若璩《潛邱劄記》謂：「此書非黄氏所編，乃其子主一所爲。主一克承家學，不應以己之著述，冒竊乃父之名，予人指摘。是本前列《宗羲文案》兩序，序後有《百家案語》，先遺獻《初選明文撰序》二篇，後廣之爲《明文海》，未及撰序，今録《文案》原序於卷首。」云云。據此則《提要》「晚年未定之本」之説可信，而亦可見非其子之所爲。原闕四百八十一、八十二卷，此亦無存。是本由浙東舊家散出。煌煌巨册，屢逃刦火，亦云幸矣。

464 宋元詩會一百卷　鈔本　二十四册　法梧門舊藏　（07863）

題「皖桐陳焯默公輯選」、「後學程仕松泉參較」。卷首康熙丙辰周疆序，癸亥曹溶序，次選例九則，次詩人姓氏。卷一至三十三，起宋建隆迄靖康，得二百三十一人，選詩三千一百七首；卷三十四至六十五，起建炎迄宋末，金人附，得四百十七人，選詩三千五百五十七首；卷六十六至一百，起元中統以前迄至正末，得二百七十五人，選詩三千六百九十首。曹序謂：「所選用三史爲綱，旁取志乘、銘傳及稗官、雜記爲緯。衡其人始及其詩，繹其詩復徵諸事，眈玩篇什者纔一披對，固已目朗心開。」語多推重，然蒐羅既廣，疵纇自所難免。其知人論世，頗爲陸潛園所譏。即以其亡孫之詩附入宋世奇童之後，亦殊覺儗不於倫也。是爲存素堂鈔本，寫録甚精。

藏印　法式善鑑藏印　詩龕書畫印　詩龕墨緣　存素堂珍藏印　梧門　時颿鑑定　蚩颿藏書　陶廬　小西厓　詩舫主人珍藏

【藏印　法印式善、詩龕鑑藏、詩裏求人龕中取友我懷如何王孟韋柳、詩龕居士存素堂圖書印、梧門鑑賞】

465 蒼崖先生金石例十卷 元刊本　四冊　（07864。著録作「明刻本」）

元潘昂霄撰。卷首有楊本、湯植翁序，又王思明重刊序。目録次行題「鄱陽楊本編輯校正」，「廬陵王思明重校正」。葉次併排，至一百十九止。半葉十行，行二十二字。尚有傅貴全序、潘詡跋，已佚。余初疑爲明刻，假鐵琴銅劍樓瞿氏所藏元本對勘，版刻相同。經顧澗薲定爲元代第三刻，錢叔寶、葉祖仁、黄蕘圃均有題識。據此則爲元本無疑。

466 蘆川詞二卷 影宋鈔本　五冊　吴文定、錢遵王、何心友、黄蕘圃、瞿蔭棠、丁禹生舊藏　（07865）

宋張元幹撰。此爲影宋鈔本。半葉七行，行十三字。每葉版心均有「功甫」二字。黄蕘圃先得是本，後得宋刻，因將原鈔非出宋本、版心無「功甫」二字者，撤去十八葉，重以宋刻影寫補全。何義門跋謂「得自錢遵王家」，故人繆藝風先生證以《敏求記》，定爲述古堂舊物，且爲吴文定手書，自士禮居入於鐵琴銅劍樓。當丁禹生撫吴時，將命駕至常熟觀書，瞿氏急以書若干種爲贈，是殆其中之一，故又爲豐順丁氏所藏。

何義門跋　周益公云：「長樂張元幹字仲宗，在政和、宣和間已有能樂府聲。今行於世，號《蘆川集》，凡百六十篇。以《賀新郎》二篇爲首，其前□李伯紀丞相，其後即□送胡邦衡貶新州，詞以《賀新郎》爲題。其意若曰失位不足弔，得名爲□賀也。」康熙乙酉，心友得此册於錢曾疑「遵」之訛。王家，乃錢功甫舊傳本，而不著作者姓氏，爲録益公語於卷□。戊子十月，焯記。

黄蕘圃跋　前年元妙觀西有骨董鋪某，收得宋板《蘆川詞》及殘宋本《禮記》，欲歸余，而爲他姓豪奪以去。既物主因曾許余，故假《蘆川詞》一閲，謂畢余讀未見書之願。然余見之而欲得之願益深，屢託親友之與他姓熟識者往商之，卒不果，亦遂置之矣。今夏從友人易得舊鈔本《蘆川詞》，行款與宋版同。因重憶宋版，思得一校，余願粗了。復託蔣大硯香請假之，竟以書來，喜甚，取對兩書而喜愈甚。蓋舊鈔本係影宋。每葉版心有「功甫」二字者，其字形之欹斜，筆畫之殘缺，纖悉不訛，可謂神似。而中有補鈔一十八翻，不特無「功甫」字樣，且行款間有移易，無論字形筆畫也。因倩善書者影宋補全，撤舊鈔非影宋者，附於後以存其舊。再舊鈔本有何義門先生跋，謂此是「錢功甫舊傳本」。義門但見「功甫」字樣，故以錢功甫當之。豈知「功甫」亦宋版原有，豈係傳録人所記耶？惟是宋版款式，向無記人名字於卷第下方者。即有書寫刊刻人姓氏，皆列於版心最下處，此却僅見，故義門不計及此。此「功甫」二字，或當時刊諸家詞，以此作記耶？《蘆川詞》作者姓張名元幹字仲宗，「功甫」或其別一字耶？俟博考之。此書宋版，余雖未得，得此影鈔本，又得宋版影鈔舊所缺葉，并一一手補其蠹蝕痕。宋版而外，此爲近真之本。昔人買王得羊，庶幾似之。他姓雖豪奪於前，而仍慨借於後。余始惎之，終德之，不敢没其惠。藏此書宋版者，爲北街九如堂陳竹厂云。嘉慶庚午七月立秋後一日，黄氏仲子丕烈識於求古居。

又跋　陳氏於舊冬負逋數萬，毁家以償，凡而器用財賄償之不足，一切書畫骨董亦舉而償人。未識此宋本猶在否也？復翁記，丙子閏夏。

又跋　昨歲陳竹厂介友人以此書宋刻示余，索直百番，且詭言余曾許過朱提五十金。余以一笑謝之。己卯秋，復翁又記。

又跋　宋刻本《蘆川詞》卷上首葉，有藏書人家舊印。原截去其半，釘入線縫中，兹摹諸影鈔首葉上，故印文不全。其聯珠小方印未損，或當日一人所鈐，惜無從考其人。宋本每葉紙背大半有字跡，蓋宋時廢紙多值錢也。此《詞》用廢紙刷印，審是册籍。偶閲之，知是宋時收糧檔案，故有「更幾石」、「需幾石」，下注「秀才」、「進士」、「官户」等字，又有「縣丞」、「提舉」、「鄉司」等字。户籍官銜，略可考見。粳糯省文，皆從便易。雖無關典實，聊記於此，以見宋刻宋印。古書源流，多有如是者。紙角截殘印文，模糊不可辨識矣。古色古香，不徒在本書楮墨間也。復翁記。

又跋　《蘆川詞》一卷，載諸《書録解題》。余向藏毛鈔，却作一卷，與此多不同。即

《六十家詞》本，雖亦作一卷，然不合於鈔本，而差近於宋刻本。惟序次先後，詞句歧異，並羨出幾首爲不同耳。余佞宋者也。目驗宋刻，卷分上、下，且毛鈔及《六十家詞》本，皆不言所據何本，則宋刻爲可信矣。余藏詞本甚富，宋刻差少。此影鈔宋本，悉從宋刻目驗，而或鈔或校，幾無麾豪之失。信稱善本，書此誌幸。後之讀是書者，勿輕視之。蕘圃。

又跋　壬申春仲二日，因坊友攜示王蓮涇家鈔本《藏春集》，遂檢閱《孝慈堂書目》，適於目上見有《蘆川歸來集》六卷，宋版四册，襯訂，原本不全。知張仲宗所著全集宋版本尚留天壤間也。蓮涇藏書，在國朝康、雍間，所居在郡之鄉僻，故身後往往有流傳者。未識此詞本在全集中否，抑别刊行？余留心古籍，既遇《蘆川詞》，安知日後不復遇《蘆川歸來集》耶？書此爲券。春社戊申日，陰晦殊甚，雷雨交作，坐百宋一廛中，無聊之至，出此録所見古書源流如是。半恕道人筆。

社日獨坐聽雨作

陰晴剛間日，風雨迭相催。未斷清明雪，頻驚啓蟄雷。麥苗低欲没，梅蕊冷難開。我亦無聊甚，看書檢亂堆。

今朝説春社，雨爲社公來。試問有新燕，相期探早梅。向有詞云：「燕子生平多少恨，不見梅花。」真妙語也。近年梅信故遲，社日猶未盛。停鍼忘俗忌，余家婦女以鍼線爲事，無日或輟。扶醉憶鄰醅。余斷酒已五年，雖赴席有酒戰者，從壁上觀之。日覺愁城坐，頻看兩鬢催。余處境不順，已歷有年矣。唯書可以解憂。今有憂而書不能解，若反足以甚吾憂者，知心境益不堪矣。佞宋主人漫筆。

又跋　余於姜白石詞中，知同時有張功甫其人，喜甚，謂即是仲宗别一字。既又於《陽春白雪》中得張功甫詞二首，一係《鷓鴣天》，一係《八聲甘州》。然檢其詞句，與此詞中所載無合者，是又不得以仲宗、功甫比而同之矣。且《陽春白雪》亦選張仲宗詞，似不應一稱功甫，一稱仲宗。事之無可發明者，有如此種是已。壬申春三月望日，小病初愈，今纔下樓，晨起書此，以消悶懷。半恕道人筆。

又跋　此舊鈔非影宋之《蘆川詞》殘本，乃余以影宋補其闕而撤之者也。是書不知何時缺失，以此補之。在當日未見宋刻，無從影寫，亦事之無可如何者。兹幸有宋可影，遂以彼易此，非特余之幸，即當日鈔補之人，何獨不幸耶。留此以見購書之苦心。如是如是。

繆小山跋　明鈔《蘆川詞》二卷，黄蕘圃舊藏，前有何義門跋。蕘圃先得鈔本，後得宋本，撤去補寫之葉，而影宋版補之，加跋至八段，兼識兩詩，可謂愛之至矣。此本與宋版由黄歸罟里瞿氏，由瞿氏歸持静丁氏，今歸吾友張君菊生，假我録副校訖。讀何跋言心友得此册於錢遵王家，因檢《敏求記》舊鈔足本，詞曲類末條云：「張元幹《蘆川詞》二卷，匏庵先生手書，詞中多呼『否』字爲『府』，與『舞』同押，蓋閩音也。」趙本脱此條，阮本題存長字之半，空四格，詞二卷解上，空四格，手書「詞中多呼「否」爲「府」，與「舞」字同押」下又缺。然則此書爲吳文定公手書，其版心無「功甫」字者，爲後人所補，故字跡不合。蕘圃未檢《敏求記》，一經拈出，愈爲此書增重。宋本仍在瞿氏。此書後有「恬裕齋藏」朱文方印，即瞿氏之舊藏印也。壬子九秋，繆荃孫跋。下鈐「荃孫」白文長方印。

又跋　首闋《賀新郎》「過苕溪，尚許垂綸否？風浩蕩，欲飛舉」，上闋末三字「醉中舞」，即《敏求記》所云也。

藏印　黄印丕烈　黄丕烈　復翁　蕘圃手校　蕘圃過眼　蕘夫　老蕘　蕘言　平江黄氏圖書　求古居　求古居　瞿氏鑑藏金石記　恬裕齋藏　豐順丁氏得恩堂臧　絜園主人　禹生父祕賞　憶香山印

467 稼軒詞四卷　汲古閣鈔本　四册　毛子晉舊藏　（07866）

是書從太倉顧氏謏聞齋收得，存甲、乙、丙三集。按《稼軒詞》最古者，爲元大德十二卷本，藏海源閣。余曾見臨桂王氏撫印本，又有明李濂、何孟倫評校本，卷數同。汲古閣毛氏《六十家詞》本，萬載辛氏抄刻本，均各四卷，然編次實與元、明二刻無異，但併十二卷爲四卷耳。四本均以宫調爲綱，此則以歲時先後爲序。彼此對勘，辭句異同，幾於每闋有之，而要以是本爲勝。《直齋書録解題》載《稼軒詞》四卷，或即是本所從出。前有淳熙戊申門人范開序，各本均未載。此爲汲古閣毛氏鈔本。當彙刊《六十家詞》時，同是四卷。何以舍此原編之本而取彼併合之本？殊不可解。

是録編成有年，以爲丁集不可復見，是書殆終成殘本矣。一日趙斐雲自故都來，語余近見某估得一精寫是書丁集，云是虞山舊山樓趙氏故物，似可配涵芬樓本，且疑爲一書兩析者。余急往蹤跡得之，介吾友潘博山、顧起潛索觀。書至，果如斐雲言，正爲汲古閣抄本。毛氏印記悉同，且原裝亦未改易。唯目録鈐有「舊山樓」，首葉鈐有「趙印宗建」二印，蓋趙氏得之之時，已僅有此一册矣。亟以重金收之，俾成完璧。豐城劍合，竟有此事，真可喜也。民國紀元二十有八年記。

藏印　毛晉之印　毛氏子晉　汲古閣　汲古主人　毛扆之印　斧季　舊山樓　趙印宗建

468　吳夢窗詞集不分卷　明鈔本　一册　太原張氏舊藏　（07867）

《夢窗詞》世唯甲、乙、丙、丁四稾，爲汲古閣毛氏所刻。《四庫》著録亦即此本。彊村前輩與半塘翁相約斠勘，求舊本不可得。余聞之，發篋相示。彊村大喜，録副以歸，用校前刻之本，多所糾正，亟毁去重刻。其跋有言：「分調類次，略同甲、乙稿而小有出入，汰去誤入他人之作，凡得二百五十六首，視毛本少六十八首。標注宫調者六十有四，爲從來著録家所未載。」又言：「覆審曩刻，都凡訂補毛刊二百餘事，並調名亦有舉正者。」由是觀之，可見是書聲價矣。原本無序跋，卷末有「萬曆廿六年置」一行。前有「太原張家文苑」、「太原廷璋」二印，初亦不知爲何許人。鄧君正闇新刊《寒瘦山房書目》中有是詞，注「康熙六年太原張女古圖校録」。跋言：「此爲張夫人學象手書。張爲太原名族，清初從父拱端僑居吴門，其姊名學典，以能畫名。」又言，「詞不分卷，與毛刻四稿不同，中有標宫調者六十餘闋」，與涵芬樓明鈔本「同出一源，夫人即就其家藏本傳鈔」云云。清門世澤，源遠流長，洵足爲是書引重焉。

藏印　太原張家文苑　太原廷璋

469 虚齋樂府二卷 景宋鈔本　一册　顧千里校，錢遵王、黄蕘圃舊藏　(07868)

宋趙以夫撰。以夫字虚齋，自號芝山老人，居於長樂，嘉定中正奏名，歷知邵武軍漳州。嘉熙初爲樞密都承旨，除沿海制置副使，旋拜同知樞密院事。淳熙初乞祠，進吏部尚書，纂修國史。其詞《四庫》未收，汲古閣毛氏亦未刊行。是本前有淳祐己酉自序。上、下二卷，詞凡六十八闋。半葉十行，行十八字。卷末有「臨安府棚北睦親坊南陳解元書籍鋪刊行」一行。每葉闌外有耳，署「錢遵王述古堂藏書」八字，蓋錢氏據宋本影寫也。

顧千里跋　右依汲古毛氏鈔本改正。此亦影寫者，但每有不審耳。如上卷《夜飛鵲》云「竹枕練衾」，《玉篇》糸部已收「練」字，《集韻》曰：「練絡屬。後漢禰衡著練巾。」《類篇》同。於六書假借，亦用「疎」字，此作「練」，誤矣。他皆準是。其下卷《摸魚兒》，當於「長堤路」句换頭起，又「荔支香近」，當云「涼館薰風遶」，以押韻。毛本訛，與此無異，則似宋槧已如是者也。嘉慶丁巳七月十九日，顧廣圻爲蕘圃校於王洗馬巷士禮居。

黄蕘圃跋　此錢遵王述古堂藏書，余得諸碧鳳坊顧氏。是影寫宋本。近有書友攜一本來，亦係影宋，而出於汲古閣毛氏。恐二本或有異同，爰倩塾師顧澗蘋校此，賴正訛字。「竹枕練衾」之「練」字，其最精者也。毛本索直甚昂，因還之。既而思所藏尚有精鈔《宋元人詞》，亦出於汲古閣，遂取以覆校此本，「練」字固不誤，而《摸魚兒》「長堤路」句换頭，已校毛氏影寫本爲是。「荔支香近涼館薰風透」，仍不能爲「遶」以押韻，則傳訛已久矣。至下卷「白白紅紅多體態」，此據毛本改「體」爲「多」，然重一「多」字，與文義不合。檢精鈔本，亦作「體」字，仍當以「體」字爲是。澗蘋屬予自記，復書此數語於後。嘉慶丁巳孟秋月下澣五日，讀未見書齋主人黄丕烈跋。

藏印　黄印　蕘　士禮
　　　丕烈　圃　居藏

470 唐宋諸賢絶妙詞選三卷

鈔本　一册　毛子晉、汪閬源、文登于氏舊藏　（07869）

題「花菴詞客編」。《四庫》著録，《花菴詞選》前十卷爲《唐宋諸賢絶妙詞選》，始於唐李白，終於北宋王昻。方外、閨秀，各爲一卷附後。涵芬樓舊藏明刊本，與《四庫》本同。按明本前八卷，唐宋詞人凡一百二十家。是本每卷各删數家，存者僅六十八，方外、閨秀無一人，且所存諸家，首數亦大有删節。前後無序跋，殆爲選中之選歟。鈔手精整，的是毛氏風格。先後經藝芸書舍、小謨觴館收藏，卷端鈐「皇二子印」一方。讀者每疑爲覺羅帝胄，不知乃袁氏竊國之時，其子克文鐫是印以自娱。其他如「寒雲」，如「後百宋一廛」，如「三琴趣齋」，如「雙玉龕」，如「八經閣」，如「流水音」，皆袁氏所鈐，甚至侍兒小名，並汙卷帙。隱湖有知，亦當感喟於九泉矣。

藏印　毛晉　子晉　汪士鐘　汪印　棣　紳之　文登于氏小謨觴館臧本
　　　之印　書印　讀　書　振勳　泉

【藏印　毛晉私印、東毛氏圖書、汲古閣、汲古主人、汲古得修綆、汪士鐘藏、吴下汪三、振勳私印、某泉父、梅泉、平陽叔子】

471　花草粹編十二卷　明萬曆刊本　十二册　（07870）

題「朗陵外方陳耀文晦伯甫纂」。卷首有萬曆癸未作者自序，序後附沈義父伯時《樂府指迷》。所輯詞調，上溯開天，下訖宋末，間及元代。每卷各列細目。卷一至六，《小令》；卷七、八，《中調》；卷九至十二，《長調》。綜計凡三千二百八十餘首。

472－1　朝野新聲太平樂府九卷　元刊本　三册　朱臥菴、黄蕘圃舊藏　（07871。著録作「明刻本」）

首目録，次《太平樂府》姓氏。每卷次行題「青城澹齋楊朝英集」；三行空二字題「某類」；四行空三字題曲名。除次行外，三行均跨行大字。半葉十四行，行二十三、四字不等。題序么均黑質白字，原有至正辛卯巴西鄧子晉序，鈔補。

黄蕘圃跋　此元刻細字本《朝野新聲太平樂府》九卷，休甯朱之赤藏書。余得之郡中故家，珍祕之至。既收得鈔本止八本，兩本並同，脱誤亦相似，始知外間傳布本非足本也。因取是以校彼，實多是正。鈔本間有改正字，如「裏」本作「里」，「教」或作「交」。此元刻本如是，想係詞典本相傳舊例。余所藏元人雜劇刊本，都有類此者，無足異也。惟鈔本間有衍字衍句，不知其本云何，然通體刻自勝鈔，當以元刻爲准。余素不諳詞，何論平曲。茲因校勘，粗讀一過，其中用意之工，遣辭之妙，固稱傑作，宜有元一代以此擅長也。丁卯秋霜降前一日，秉燭書。復翁。

又跋　庚辰冬孟，偶取繙閱。前跋有誤書處，如「八本」當作「八卷」，「詞典」當作「詞典」。因復正之。復翁。

藏印　休甯朱之赤珍藏圖書　卧菴所藏　寒士精神　黄印丕烈　蕘圃　平江黄氏圖書　秀水莊氏蘭味軒收藏印　守吾過眼　守吾鑑賞　曾在海陵陳寶晉家　惟庚寅吾以降　雙蓮花菴

472－2　又一部　鈔本　二册　黄蕘圃校藏　(07872)

前八卷，首有殘闕。黄蕘圃用别一鈔本，命門僕影鈔補配。每卷均鈐有「門僕鈔書」小印。訛文奪字，衍詞錯簡，所在皆是。蕘圃據元刻及周氏所藏鈔本，用朱墨二筆校正。每段有補至全葉或數十百字者。第九卷據周氏鈔本寫補，訛誤較稀，亦經勘正。

黄蕘圃跋　余舊藏詞曲甚富。《朝野新聲太平樂府》元刻本其一也，後於肆中見一舊鈔本。因是書傳布少，攜之歸，擬校元刻而未果。且首多殘闕，行款與元刻不同。久不得補，業置之矣。頃書友自杭州趕考歸，帶有此書，亦係抄本，取對向藏無二樣，向所殘闕者可補，遂收之。命門僕影鈔補全。余遂發校元刻本之興，孰知其中脱誤，無一葉無之。竭幾日力校成。及終八卷，而始知元刻後尚有第九卷在。興復盡此。餘不及手抄，當别令人繕寫也。因思古書流傳日少，兩抄本所有卷如是，所殘闕脱誤者並同，則元刻之可貴，不問而知。此特詞曲爾已如是，何論經史子集之尤急者邪。書此以見讀書之難若此。丁卯秋霜降前二日，復翁識。

又跋　十月初旬，又借得周香嚴藏鈔本。字甚端楷，然亦有較此更誤者。略記歧異，大都皆以意改竄者也，恐不足據鈔校刻。惟因周本覆校元刻，此本又多校正處，始知落葉几塵爲不謬也。復翁。以上見卷八末。

又跋　此書除余藏元刻細字本外，惟所收兩鈔本及周香嚴藏精鈔本，皆余所親見者。然皆賴元刻以補其不逮，未有補於元刻也。余取元刻以校余舊藏鈔本，又校周藏精鈔本，自是元刻之流傳，共有二本矣。惜行款格式，未能一一細校，蓋鈔本各自爲式，弗能校上元刻也。余最惡以僞亂真，故此鈔本既失第九卷，以周鈔本足之，仍其行款格式，俾知書有自來，非不知而妄作者，否則何難照余鈔本模樣録入耶？裝畢，復翁記。丁卯十月十有九日。是日新寒，水始冰。

又跋　己巳仲冬廿有四日，五硯樓書散出，坊人以青蚨二百四十餘金，捆載一船而去。歲闌事迫，亦無可如何者。雖時刻居多，然間有一二舊刻名鈔。余轉向坊人留之，中有精鈔《太平樂府》九卷，較元刻多至正辛卯春巴西鄧子晉序一篇。餘與元刻差近，惟行款不同耳。今後學山海居中，一書而有雙璧矣。復翁。

【元刻細字本校原十八葉鈔三十七葉。卷四後。

元刻細字本校原二十葉鈔三十三葉。卷八後。

用周香巖精抄本補。卷八末。

元刻細字本校原十七葉抄三十五葉。卷四後。】

藏印　丕烈之印　承之　蕘圃手校　復翁　蕘言　士禮居藏　黄仲子　門僕鈔書　巢氏七研齋印　陳守吾文房印

472－3　又一部　鈔本　四册　袁壽階、黄蕘圃、汪閬源、潘叔潤舊藏　(07873)

此爲貞節堂袁氏藏本，黄蕘圃於其書散出，收之市估者也。首鄧序，次總目，次《太平樂府》姓氏。書中標題均以朱文別之。寫録較工，訛奪亦少。黄氏士禮居中藏此書三部：元刻一，鈔本二。主人均極珍視。今三書全歸涵芬樓，且獲免於難。蕘翁有知，當爲歡慰。

黄蕘圃跋　此五硯樓遺書也。仲冬二十有四日，坊間從彼得之，余實爲之介。家寒藉此爲度歲計，故出此。余雖至親，不能爲之保護，思之實可酸鼻。然聚散何常，昔人身後，尚有論秤而盡者，兹幸尚不至如是。是書亦爲捆載中物，余見其鈔手精雅，向坊間轉歸。取對元刻，約略相似。惟多卷首鄧序一篇，可喜也。今日學山海居中，一書忽得雙璧，聊以取快一時。倘日後散亡，尚有如余其人者，爲之檢點料理，不致論秤而盡，余亦甚慰矣。時己巳十一月二十有五日，學山海居主人黄丕烈。連日天氣嚴寒，河冰斷路。較嘉慶紀元之正月初九，所遜者惟雪耳。風狂日淡，冷氣彌天，即炙硯含毫，手腕不能振作。今稍温和，磨墨書此。并記。

藏印　袁印廷檮　壽階　貞節堂圖書印　丕烈之印　承之　復翁　讀未見書齋　汪士鐘藏　汪印振勳　棣泉　潘印介祉　玉荀　潘叔潤圖書記　古吴潘介祉叔潤氏收藏印記　叔潤藏書　古吴潘念慈收藏印記　惠父寓目

473　顧曲齋元人雜劇選十六種　明刊本　八册　（07874。著録作「二十種」「十册」）

是本無序跋，無目録，顧曲齋亦無考。所輯皆元人作，疑必不全。存者《唐明皇秋夜梧桐雨》，白仁甫撰；《秦脩然竹塢聽琴》，石子章撰；《宋太祖龍氣風雲會》，羅本撰；《謝金蓮詩酒紅梨花》，張壽卿撰；《李亞仙花酒曲江池》，石君寶撰；《蕭淑蘭情寄菩薩蠻》，又《荊楚臣重對玉梳》，均賈仲名撰；《臨江驛瀟湘夜雨》，楊顯之撰；《玉簫女兩世姻緣》，又《李太白匹配金錢記》，均喬吉撰；《江州司馬青衫淚》，馬致遠撰；《洞庭湖柳毅傳書》，尚仲賢撰；《迷青瑣倩女離魂》，又《白敏中㑳梅香》，均鄭德輝撰；《杜蘂娘智賞金線池》，又《錢大尹智勘緋衣夢》，均關漢卿撰。每種各附本事圖畫。當購入時，多被市估割去，僅存三幅。種數與北平圖書館所藏同。

474 芥子園重鐫范氏三種曲六卷附北曲譜十二卷　清康熙刊本　四册

（07875。著録作「八册」）

明范文若撰。一《鴛鴦棒》，二《花筵賺》，三《夢花酣》，各二卷，均題「吴儂荀鴨填詞」。後附《北曲譜》十二卷。按文若字香令，號荀鴨，一號更生，又自稱吴儂，松江人。

藏印　王國維

涵芬樓原存善本草目

經部

周易元刊本
周易王弼注鈔本
周易正義明刊本　會稽鈕氏世學樓藏印
學易說附漢易私記鈔本　蔣氏十印齋藏印
董氏周易傳義元刊本
周易傳義明刊本
周易會通元刊本
周易說翼明刊本　曹倦圃藏印
周易啓蒙疑義仁和朱縉撰　鈔本
易學蓍貞趙世對撰　鈔本　樹浴堂藏印
周易彙解衷翼清許體元撰　鈔本
易道入門鈔本
易學象數論清黄宗羲撰　鈔本
讀易考原鈔本
希南先生槷陽說易録鈔本
周易洗心鈔本　龔氏藏印
易林釋文稿本
尚書寫本
尚書明監本
古文尚書鈔本　王鳴盛、葉名澧藏印
鄭敷文書說鈔本
尚書精義鈔本　祥符周氏藏印

尚書通考明鈔本
尚書考異校精鈔本
書經外考明褚任公撰　舊鈔本　孫星衍藏印
書經必讀校鈔本
古文尚書考鈔本
詩序宋念莪鈔本　長洲宋氏静堂藏印
詩本義寫本
陸堂詩學刊本　璜川吴氏藏印
詩異文補稿本
詩緒輯雅鈔本
漢三家詩異文疏證馮柳東稿本
韓詩外傳明刊本
韓詩外傳明刊本
周官宋念莪鈔本　長洲宋氏静堂藏印
周禮纂要鈔本　惠棟藏印

周禮讀法明鈔本　璜川吴氏藏印
儀禮注疏陳鳳梧刊小字本
儀禮正義清王廷桂撰　鈔本
儀禮集傳集註
儀禮經傳通解
儀禮摘要鈔本　題嘉慶元年涇川吴承瑛録
禮記集説明刊本
禮記纂言明正德刊本
禮記偶箋鈔本　潘叔潤藏印
續禮記集説校鈔本
大戴禮記許邁孫校本
周正彙考鈔本
三禮圖批校本
禮書元刊本　袁忠徹、周松靄藏印
春秋左傳白文舊刊巾箱本

春秋集傳元刊本　黃山程氏藏印

春秋集傳釋義大成鈔本

龍學孫公春秋經解精鈔本

則堂先生春秋集傳詳説舊鈔本

春秋疑義鈔本　孫星衍藏印

春秋彙選鈔本

左氏釋鈔本　周星詒藏印

東萊博議句解明刊本　淡生堂藏印

左氏平章未刊稿本　吟風閣藏印

春秋集傳大全元刊本

春秋大全元刊本

春秋通議略明婁江邵弁撰　鈔本　何元錫藏印

春秋表微鈔本

春秋左傳要義震无咎齋鈔本

春秋趙啖集傳纂例明刊本

春秋左傳地名考鈔本

春秋繁露明刊本

董子繁露明刊本

董子春秋清譚獻撰　未刊稿本

五經大全高麗刊本

經典文字辨正鈔本

刊正九經三傳沿革例鈔本　吴枚菴藏印

通志堂經解桃花紙印本

詒經堂續經解張金吾原鈔本

十三經原委舉要附博學鴻詞試題鈔本

邵二雲藏印

經咫鈔本

四書明刊本

精刊四書二家粹義明江西刊本　蔣氏十印齋藏印

論語筆解明刊本　陳仲魚藏印

四書釋地鈔本

樂書鈔本

樂律全書明藩刊本

樂書叢鈔舊鈔本　吟某閣藏印

爾雅刊本　查昇藏印

釋名明刊本　甲寅人東林復社後人傳忠堂藏印

埤雅明刊本　鳴野山房藏印

埤雅明刊本

爾雅翼明刊本

渡江書鈔本　爲閩人方言而作

語助語鈔本

説文解字校本

説文明汲古閣刊本　錢聽默、黄蕘圃、段懋堂、惠半農批校本

説文解字通釋繫傳鈔本

説文述誼戴子高手校

汗簡鈔本

佩觿明刊本

佩觿鈔本

佩觿刊本「讓」「徵」二字避諱　毛子晉、季振宜藏印

復古編葉氏校本

漢隷字源明汲古閣刊本

班馬字類明刊本

班馬字類鈔本

小學鈎沈刊本　吴兔牀藏印

説文字原官牘背紙摹印

六書正譌官牘背紙摹印

六書正譌明刊本　樓樹軒張燕昌藏印

六書本義明洪武刊本

六書索隱鈔本　吴任臣江左布衣藏印

王三聘字學大全 明嘉靖刊本
字類音義辨體 稿本
字學集要 明刊本
説文諧聲譜 稿本
續復古編 鈔本
增修復古編 元刊本
説文長箋 明刊本
隸辨 刊本　有校
古注千字文 東洋刊本
切韻指掌圖 鈔本　重遠書樓藏印
直指玉鑰匙門法 明刊本
經史正音 明刊本　季振宜藏印
改併五音類聚 明刊本
詞林韻釋 鈔本
洪武正韻 明刊本

洪武正韻 明刊本
毛詩古音考 鈔本
五音韻譜 明陳大科刊本
毛詩周韻誦法 詞發稿本
廣韻校刊記 鈔本
詩韻輯略
草韻辨體 明刊本
改併五音集韻 明成化刊本
諸史夷語音義 明刊本
六藝綱目 鈔本
六藝流別 鈔本

史部

史記平準書 宋刊本
史記扁鵲倉公列傳 日本影摹黃善夫本

漢書明德藩刊無注本

漢書明崇德書院刊本

漢書明汪文盛刊本

後漢書志元刊本

後漢書明崇德書院刊本

後漢書明汪文盛刊本

後漢書明刊本

後漢書明刊本

後漢書明正統翻宋淳化刊本

蕭氏漢書音義舊鈔本

三國志明監本

三國志補注鈔本

晉書列傳元刊本

晉書明刊本

南齊書明嘉靖補刊本

梁書明監本

梁書明監本

陳書明南監本

陳書明監本

北齊書明南監本

隋書元刊本

隋書禮儀志元刊本

隋書明南監本

南史明南監本

南史明監本

北史明監本

舊唐書明聞人詮刊本　經鋤堂藏印

唐書元刊本

五代史元刊本

五代史明刊本

五代史明刊本
五代史明監本
五代史記明刊本
五代史記鈔本
新五代全史明刊本
宋史明刊本
金史明洪武刊本
金史明刊清補本
十七史明汲古閣刊本
竹書紀年辨正鈔本　似稿本
資治通鑑元刊本
資治通鑑元刊本
資治通鑑元刊本
通鑑綱目元刊本
通鑑綱目明刊本

資治通鑑綱目發明明監本
通鑑總類宋刊明配
通鑑總類明刊本
司馬光稽古録明刊本
通鑑前編明刊本
皇朝編年備要鈔本　此較後一部爲精
皇朝編年備要鈔本
資治通鑑後編鈔本
續資治通鑑長編鈔本
續資治通鑑長編舊鈔本
續通鑑元刊本
續資治通鑑明刊本
資治通鑑節要續編明監本
通歷影宋鈔本　孫伯淵藏印
西漢年紀鈔本

晉代五胡僭號編年鈔本

歷代通鑑明監本

資治大政記明刊本

通紀直解明刊本

崇禎長編鈔本

流寇編年鈔本　李文田跋

國史唯疑明晉江黄景昉撰　鈔本

通鑑紀事本末明依宋小字刊本

滇考鈔本　葉志詵名琛名澧藏印

國史紀事本末鈔本

汲冢周書明刊本　春草堂盛百二藏印

逸周書寫本

逸周書譚仲儀校趙文叔校本

建康實録鈔本

隆平集明刊本

宋史記鈔本

宋史記凡例鈔本　戴子高跋　碧琳琅館藏印

通志元刊本

東都事略明影宋鈔本

路史明刊本

契丹國志鈔本　畢瀧藏印

契丹國志舊鈔本

契丹國志鈔本　松陵史蓉莊藏印

大金國志鈔本

續後漢書鈔本

續後漢書鈔本

南宋書鈔本

元史續編鈔本

明代全朝事略自明初至崇禎止　舊鈔本　廣堪齋藏印

三朝紀略鈔本
史竊明刊本
明季實録鈔本
福王登極實録附過江七事鈔本
弘光實録抄鈔本
太平寶訓政治紀年鈔本
明興雜記明陳敬則撰　明隆慶刊本
非國語焦理堂手鈔本
鮑氏戰國策注明刊本
貞觀政要大易閣刊本
辛巳泣蘄録鈔本
靖康紀聞校鈔本
三國雜事宋唐庚撰　鈔本
南燼紀聞録鈔本　畢瀧藏印
南燼紀聞舊鈔本

竊憤録鈔本
三朝野録鈔本
焚椒録遼王鼎撰　鈔本　吴寬、姚士粦跋　錢牧齋、錢遵王、葉石君、陳仲魚藏印
弔伐録舊鈔本
南遷録鈔本　結一廬藏印
金國南遷録精鈔本　金氏聞埜草堂藏印
燼餘録甲編元徐大焯撰　鈔本
伯顔平宋録影元鈔本　璜川吴氏、惠定宇藏印
南詔野史明倪輅撰　舊鈔本　何元錫藏印
北狩蒙塵録天一閣傳鈔本　何元錫藏印
宋西事集明刊本
遼金小史明楊循吉撰　鈔本
五代史要鈔本　璜川吴氏藏印
越世家疑辨鈔本　璜川吴氏藏印

吾學編明鄭曉撰　明萬曆刊本

今言明刊本

金小史明刊本　翰林院、韓玉雨藏印

吴乘竊筆附使遼語録明許元溥撰　舊鈔本

治世餘聞舊鈔本　璜川吴氏藏印

南征録明張瑄撰　鈔本　路德批校

南征録明刊本

弇州史料明刊本

弇山堂别集明刊本

平巢事跡考明茅元儀撰　古歡堂鈔本

先撥志始明文秉撰　鈔本　林殊江藏印

甲乙事案明文秉撰　鈔本

姜氏祕史明姜清撰　舊鈔本

酌中志鈔本

酌中志略鈔本

天運紹統明鈔本　詒晉齋王懿榮藏印

明朝小史明刊本

劫灰録舊鈔本

劫灰録鈔本　廣堪齋藏印

劫灰録鈔本

幸存録鈔本

幸存録鈔本

續幸存録鈔本

續幸存録鈔本

剥復録鈔本

革除逸史明朱睦㮮撰

丁酉北闈大獄記鈔本

明季續聞鈔本

思文大記鈔本

明紀略鈔本

也是録鈔本　廣堪齋藏印

史餘明季事略　鈔本

瞹城遺事舊鈔本　秦伯敦梅花書屋藏印

江變紀聞鈔本

江變紀略清徐世溥撰　鈔本

行在陽秋舊鈔本

隆平紀事鈔本

南略舊鈔本

北略舊鈔本　與刊本有不同

温氏南疆逸史鈔本

三朝野紀鈔本

明季甲乙彙編鈔本

明季甲乙兩年彙略鈔本

莊氏史案本末鈔本

莊氏史略

明事雜鈔鈔本

明季災異録舊鈔本　廣堪齋藏印

勝朝彤史拾遺記鈔本

嘉定屠城記鈔本　畢瀧藏印

哭廟紀略鈔本

豫變紀略刊本

三垣筆記鈔本

海上見聞録鈔本

研堂見聞雜記舊鈔本

墨香樓見聞隨筆鈔本　林髯藏印

甲申小紀鈔本　周星詒校

甲申傳信録鈔本

甲申傳信録鈔本

甲乙史鈔本

平叛記鈔本

金陵野鈔鈔本
海濱外史鈔本
裔夷謀夏録鈔本
元功垂範原刊本
保孤記鈔本　謙牧堂藏印
封長白山記鈔本
急難始末附萑洲行述　清宋琬撰　鈔本
鄉兵救命書清許乃釗撰　鈔本
漢記平津館稿本
譙周古史考清章宗源撰　鈔本
嶺海焚餘清金堡撰　稿本
紀異録鈔本
海甸野史鈔本
淮海逸史舊鈔本　楊復吉、孫淵如、吴枚菴藏印
朝野記聞高麗鈔本

崖山集吴氏繡谷亭鈔本　吴城跋　鉼花齋藏印
疆事集鈔本
鎮廣記畧鈔本
榆鎮問答鈔本
江表志明刊本
英宗寶訓鈔本
陸宣公奏議明刊本
包孝肅奏議明刊本
孝肅包公奏議鈔本　孫伯淵藏印
少保奏議鈔本
秦漢書疏明嘉靖刊本
歷代名臣奏議明刊本
國朝名臣奏議元刊本
臺省奏議明刊本
嘉靖奏對録百城精舍鈔本

右編明刊本
楊太宰獻納稿
歷官表奏鈔本
東家雜記鈔本
晏子春秋明刊本
君臣相遇傳舊鈔本
金陀粹編附續編明刊本
魏鄭公諫録鈔本
明名臣琬琰録鈔本
華陽陶隱居傳鈔本
安禄山事蹟鈔本　馬二槎、陳仲魚藏印
安禄山事蹟舊鈔本
南渡十將傳傳鈔本
忠簡宗公遺事鈔本
入蜀記鈔本

攬轡録小山堂鈔本
驂鸞録小山堂鈔本
吴船録小山堂鈔本
歷代帝王姓系統譜鈔本　懷新書院藏印
宰輔録鈔本
宰輔録表鈔本
列卿紀明鈔本
皇明宰輔編年録明鈔本
江表二臣傳鈔本
碧血鈔本　林殊江藏印
殉難録鈔本
文廟靖難記鈔本
文廟靖難記鈔本
金姬傳鈔本　楊復吉藏印
草莽私乘舊鈔本

兩宫鼎建記明賀仲軾撰　鈔本

歷代后妃紀略鈔本

李自成傳鈔本

張獻忠傳鈔本

蜀碧校鈔本

汴園濕襟録明白愚撰　鈔本　廣堪齋藏印

兩廣紀略明華復蠡撰　鈔本

明清之際名人傳鈔本

國史儒林文苑循吏傳鈔本

拾錢題名鈔本

黄黎洲思舊録鈔本

續名賢小紀吴枚菴手鈔本

風倒梧桐記清何是非撰　舊鈔本

行朝録清黄宗羲撰　鈔本

所知録鈔本

江上孤忠録鈔本　廣堪齋藏印

東塘日劄清朱子素撰　鈔本

端肅遺事密札鈔本

昭忠録鈔本

自叙宦夢録明晉江黄景昉撰　稿本

十七史詳節明慎獨齋刊本

史纂左編明刊本

古今歷代十八史略明經廠刊本

晉書雜纂鈔本

史參彙鈔鈔本

越絶書明刊本

越絶書鈔本

九國志鈔本

江南野史鈔本

采石瓜洲斃亮記宋蹇駒編　鈔本　古觀堂藏印

南唐近事宋鄭文寶撰　明刊本
南唐書明汲古閣刊本　譚獻藏印
吴越備史明刊本　南書房謫史藏印
吴越備史鈔本　四庫發還書
安南志略鈔本
安南志略鈔本
趨朝事類明姚舜咨手鈔本
禁扁鈔本
歷代宫殿名鈔本　張蓉鏡藏印
元和郡縣志鈔本
太平寰宇記鈔本
太平寰宇記舊鈔本
元豐九域志舊鈔本
輿地紀勝影鈔宋本　錢儀吉、蔣香生藏印
方輿備考鈔本

大元大一統志據常熟瞿氏藏本鈔
大明一統志明刊本
大明輿地名勝志
今古輿地圖明刊本
歷代地理指掌圖明刊本
天下郡國利病書鈔本
肇域志鈔本
乾道臨安志舊鈔本
乾道臨安志鈔本　南武觀我生齋朱蒨士藏印
臨安志鈔本
三山志明刊本　黄丕烈跋
吴郡志明汲古閣刊本
乾隆吴縣志
虎邱山志明初刊本　黄丕烈藏印
虎邱山志明刊本

至正崑山志鈔本

崑山縣志鈔本

馬鞍山志鈔本　孫星衍藏印

儀真縣志鈔本

琴川志明汲古閣刊本

琴川志注草鈔本

弘治吳江志舊鈔本

西湖志鈔本

苧蘿志明刊本

海鹽澉水志鈔本　馬笏齋藏印

澉水志鈔本　劉泖生藏印

嘉禾志舊鈔本

嘉禾志鈔本　擁百廬朱士楷藏印

四明圖經鈔本

甯化縣志明刊本

東泉志明刊本

秦志輯要鈔本

長安志明刊本　李文藻跋　大雲山房藏印

昌國州志鈔本

大昌縣志明萬曆刊本

新安山水志明刊本

寧古塔志鈔本

滇略明刊本

滇略鈔本

明代海防邊防地輿圖説鈔本

嘉興府圖記明刊本　朱士楷藏印

水經校本

水經注鈔本

河渠志鈔本　徐興公藏印

潞水客譚明徐貞明撰　鈔本　鳴野山房藏印

問水集明刊本
河防通紀鈔本　蔣氏十印齋藏印
崑崙河源考鈔本　蔣氏十印齋藏印
治河圖略鈔本　蔣氏十印齋藏印
河干問答拜經樓鈔本
天台山志鈔本
陽明洞天圖經鈔本
四明洞天丹山圖詠鈔本
南岳總勝集鈔本
吴中古蹟傳鈔本　貝簡香藏印
大滌洞天圖記鈔本　汪魚亭、朱竹垞藏印
歷代宅京記鈔本
東京夢華録明刊本
夢粱録舊鈔本
益部談資明何宇度撰　舊鈔本

閩書明刊本
西湖遊覽志明刊本
雍勝略明刊本
三吴雜志明刊本
嶺南紀略後集明刊本
榕陰新檢明徐𤇍撰　天開圖畫樓鈔本
金陵瑣事明周暉撰　明萬曆刊本
明季燕京略記鈔本
春明夢餘録鈔本
吴興雜録舊鈔本　知聖道齋藏印
三丰遺蹟清康熙刊本
語海一隅鈔本
松陵文獻原刊本
澳門記略鈔本
竹鎮紀略鈔本

京察紀事明刊本　周季貺跋
吴城日記舊鈔本
新疆建省事略鈔本
伊犂總統事略鈔本
臺海使槎録鈔本
古今遊名山記明刊本
大唐西域記鈔本
西域記鈔本
諸蕃志鈔本
東西洋考明刊本　翰林院朱彝尊藏印
東西洋考秀埜草堂藏印
職方外紀鈔本
職方外紀鈔本
咸賓録明鈔本
西南風土記鈔本

西陲聞見録鈔本
西番事跡鈔本
使琉球録明刊本
出塞詩鈔本
高麗史舊鈔本
日本國史鈔本　廣堪齋藏印
東鑑日本刊本
唐六典明刊本
歷代宰輔彙考鈔本
後漢書年表鈔本
歷代建元考清鍾淵映撰　鈔本
後漢郡國令長考鈔本　蔣香生跋
祕書志鈔本
政監明成化刊本
皇朝百官述鈔本　林殊江藏印

宋宰輔編年録宋徐自明撰　明刊本
南宋館閣録鈔本
大明官制明刊本
臣軌鈔本
建炎以來朝野雜記乙集鈔本
西漢會要鈔本
通典元刊本
杜氏通典明刊本
文獻通考元刊明補本
文獻通考明正德慎獨齋刊本
續文獻通考明王圻撰　明萬曆刊本
元典章影元鈔本
三朝要典明刊本
兩朝憲章録明刊本
歷代官制考鈔本　汪季青藏印

大唐開元禮鈔本
大唐開元禮鈔本
大金集禮校鈔本
大金集禮鈔本
廟學典禮鈔本
廟學典禮鈔本
太常因革禮鈔本
寶祐四年登科録舊鈔本　三間草堂藏印
嘉靖浙江鄉試題名録明刊本
隆慶二年登科記明刊本　盛伯羲藏印
救荒活民書宋董煟撰　鈔本
江西陶政志舊鈔本
陶政譜附硯説鈔本
古今鹺略舊鈔本
唐律疏義鈔本　顧千里藏印

唐律疏義舊鈔本
大明律明刊本
明律日本刊本
宮中現行則例鈔本
漢書藝文志考正元刊明印本
元史藝文志鈔本
徵刻唐宋祕本書目鈔本
郡齋讀書志汪刊本　顧竹泉校
遂初堂書目鈔本
直齋書録解題校鈔本
國史經籍志舊鈔本
國史經籍志精鈔本　湘潭袁芳瑛藏印
國史經籍志鈔本
四庫存目鈔本
脈望館書目鈔本　貝簡香藏印

稽瑞樓書目舊鈔本
千頃堂書目鈔本　拙經堂藏印
曹楝亭書目舊鈔本
也是園藏書目鈔本
也是園藏書目校鈔本
曝書亭書目鈔本
傳是樓書目鈔本
竹崦盦傳鈔書目鈔本　何元錫藏印
謏聞齋編號書目鈔本
藏書紀事詩五百經幢館鈔本
集古録舊鈔本　何焯藏印
輿地碑目舊鈔本　華亭梅氏藏印
法帖釋文鈔本
絳帖平舊鈔本
金薤琳琅明刊本　批校

楊升庵金石文字録鈔本
淳化閣帖考正刊本
法帖釋文考異明顧從義撰　明刊本　吴春林藏印
金石苑批校本
石刻鋪叙鈔本
金石萃編補目鈔本
扶風縣石刻記鈔本
碑版考鈔本
閩中金石録馮柳東稿本
古今碑帖考鈔本　古潭州袁卧雪廬藏印
宋金元明佚碑原文鈔本
廣金石韻府刊本
粤東金石略刊本
寰宇訪碑録校本
金石遺文録陳香泉手批原稿　嶽雪樓重裝

史通明刊本　孫潛夫、顧千里校
史通通釋周星詒臨陳仲魚校本
唐史論斷鈔本　据宋本校
大事記講義鈔本
歷代名賢確論明弘治刊本
歷代名賢確論鈔本
三朝正論鈔本
涉史隨筆鈔本
音注史斷元刊本
兩漢博聞明刊本
通鑑博論明初刊本
漢書評林明凌以棟刊本
讀史兵略稿本
漢書雜論鈔本
宋論鈔本

續宋論鈔本

元史闡論鈔本

禦戎論鈔本

子部

孔子家語明仿宋本

家語明刊本　有校

家語明南監刊本

荀子明刊本

孔叢子明程榮刊本　有校

新語明精印本

賈誼新書明正德刊本

新書明刊本

新書明仿宋大字本

賈子明正德刊本

鹽鐵論明嘉靖倪邦彦翻涂刊本

鹽鐵論明崇禎刊本

劉向新序校宋本

劉向新序明刊本

劉向説苑明崇本書院刊本

説苑明嘉靖何良俊仿宋刊本

揚子法言元刊本

揚子法言明世德堂刊本　戈小蓮校宋本

揚子法言明世德堂刊本

楊子明刊本

申鑒明刊本

小荀子明刊本

文中子中説明刊本　陳仲魚、醉經樓藏印

伸蒙子明鈔本

横渠經學理窟舊鈔本

子思子藝海樓鈔本

真西山讀書記宋刊本

真西山讀書記宋刊元補本

真氏心經明成化刊大黑口本　陳仲魚校

黃氏日抄明慎獨齋刊本

家訓筆録藝海樓鈔本

東宮備覽表宋陳模撰　舊鈔本　結一廬、知聖道齋藏印

呂氏童蒙訓覆宋刊本

呻吟語舊鈔本　丁日昌藏印

薛子庸語明薛應旂撰　明隆慶刊本

東林商語舊鈔本

南岳商語舊鈔本

宋元學案鈔本　批校

明儒學案清康熙刊本　批點

觀瀾録附經書筆記讀書筆餘清李光地撰　鈔本

夜行燭書明曹端撰　鈔本

仁孝皇后勸善書明初刊本

言子精鈔本

讀荀子鈔本

讀朱隨筆鈔本

奎壁小學附忠經孝經奎壁齋刊本

百忍箴明刊本

婦人規鈔本

女教史傳通纂清任啓運撰　鈔本

家法筆記舊鈔本　石研齋、吴枚菴藏印

孫子集註明嘉靖談愷刊本

黃石公三略藝海樓鈔本

三略直解藝海樓鈔本

守城録鈔本
經略纂要精鈔本
手臂録吴殳撰　舊鈔本
古今將略舊鈔本　顧敦復藏印
武經前後編明刊本
嘉謀録舊鈔本　畢瀧藏印
數理全書一名武備彙編舊鈔本
塞語明伊耕撰　舊鈔本
管子蔣香生校本　曹溶藏印
管子明趙用賢刊本　過録黄蕘圃校
鄧析子藝海樓鈔本
韓非子明刊本
韓非子鈔本
韓非子吴氏刊本
讀韓非子日本物茂卿撰　舊鈔本

農桑輯要元刊本
田家五行志鈔本
泰西水法四庫鈔本
野菜博録明鮑山撰　明天啓刊本
重廣補注内經素問明顧氏翻宋本
王注黄帝内經素問明嘉靖間仿宋本
素問靈樞經明趙府居敬堂刊本
靈樞經明趙府居敬堂刊本
新校正黄帝甲乙經明刊本　淩嘉亦據北宋本校
甲乙經舊鈔本
傷寒論明嘉靖刊本
金匱要略論注舊鈔本
金匱祕録舊鈔本　楊復吉藏印
千金要方日本刊本
千金翼方明鈔本　避宋諱　錢遵王藏印

千金翼方日本刊本

稀豆方論舊鈔本　悉餘堂藏印

奇效良方明方賢撰　明初刊黑口本

婦人良方明嘉靖刊本

袖珍方元坊刊本

女科萬金方鈔本　題隆興三年鄭春敷自題　徐靈胎藏印

太醫院精驗奇效良方明刊本

王氏脈經士禮居邃雅堂藏印

政和新修經史證類備用本草金刊明補本　周星詒跋

政和本草金刊本　季滄葦、顧俠君、郁泰峯、汪秀峯、吴枚菴藏印

經史證類大觀本草元刊本

大觀本草元刊本

本草拾遺舊鈔本

此事難知明刊本

衛濟寶書鈔本

祕傳小兒推拏訣鈔本

歷朝醫譜素安堂鈔本　似稿本

醫説明嘉靖刊本　曹彬侯藏印

醫史明李濂輯　明嘉靖刊本

折肱漫録明黄承昊撰　鈔本

原病集舊鈔本

節齋醫論慈溪王汝言撰　明弘治刊黑口本　畢瀧藏印

三因極一病原論粹舊鈔本

易筋經舊鈔本

靈臺祕苑舊鈔本　孫伯淵跋　五松書屋藏印

東醫寶鑑高麗刊本

續名醫案清魏之琇撰　鈔四庫本

泰西人身説概鄧玉函譯　舊鈔本

新儀象法要宋蘇頌撰　舊鈔本　郁松年藏印

天文玄象説舊鈔本　張芙川藏印

天象志鈔本　孫星衍藏印

玉曆通政經舊鈔本　張芙川藏印

明史歷志清黄百家撰　舊鈔本

曆體書略明王英明撰　舊鈔本　陳仲魚藏印

嘉量算經舊鈔本　袁廷檮、文選樓藏印

測圓海鏡舊鈔本　孔廣森批校

益古演段鈔四庫本　五硯樓藏印

幾何用法舊鈔本

皇極經世明刊本　蔣香生藏印

數學舉要舊鈔本

太玄經明萬玉堂本

潛虚宋司馬光撰　明天一閣刊本

易學象數論舊鈔本　周星詒藏印

易學辨惑舊鈔本

玉管照神局舊鈔本

觀象玩占舊鈔本

郭璞元經舊鈔本

羅經撥霧集舊鈔本

堪輿經舊鈔本

鎮世神書舊鈔本

道合兩間舊鈔本

堪輿祕笈舊鈔本

金針粹言舊鈔本

夾竹梅花何野雲輯　舊鈔本

星命總括鈔四庫本

靈棋經舊鈔本　秦伯敦藏印

遁甲奇門要略舊鈔本

絶學微言舊鈔本

天鏡地鏡舊鈔本　楊復吉、吴枚菴藏印

筆夢舊鈔本

騶子精鈔本

書苑菁華舊鈔本

書苑菁華明鈔本

寶章待訪録戴光曾手鈔本　錢夢廬跋

寶章待訪録鈔本

負暄野録鈔本

圖繪寶鑑元夏文彦撰　明刊本

書畫題跋記明郁逢慶撰　舊鈔本　蔣長泰藏印

珊瑚木難明朱存理撰　舊鈔本

鐵網珊瑚明朱存理撰　舊鈔本

畫史會要明朱謀垔撰　舊鈔本　繆藝風藏印

繪事微言明唐志契撰　鈔本

畫髓玄銓明天啓刊本

畫髓玄銓舊鈔本　孫景高藏印

唐宋畫苑珠林十五種明刊本

古畫品録　續畫品録　後畫品録

續畫品　貞觀公私畫史　圖畫歌

筆法記　山水論　歷代名畫記

唐朝名畫録　五代名畫補遺　宋朝名畫評

益州名畫録　畫史　畫繼

讀畫録清周亮工撰　蔬香亭鈔本

小山畫譜鈔四庫本

孫氏書畫鈔蔬香亭鈔本

書畫雜鈔鈔本

書經補遺鈔本

唐朝名畫録舊鈔本

聖朝名畫評舊鈔本

五代名畫補遺舊鈔本

歷代書品舊鈔本　吴珽、劉錫五、松雪馴鶴山房藏印

小楷偶記鈔本　集翁覃溪題跋

太古遺音明楊掄撰　明刊本

琴操鈔本

琴譜合璧刊本

古印考鈔本

寶書堂印型摹本

抱經樓日課編印譜

博古圖元刊本

博古圖録明刊本

文房六譜明姜紹編　舊鈔本　陳仲魚藏印

陶政譜硯説舊鈔本

葉氏硯志明嘉靖刊本　史蓉鏡藏印

蕉雨廊説硯舊鈔本

墨史鈔本　静娱齋藏印

冠譜舊鈔本　馬寒中校跋　屠鐘藏印

繡譜鈔本

古磚録張霞房輯　舊鈔本　畢瀧藏印

劉源長茶史清康熙刊本　何義門藏印

童氏食規酒譜舊鈔本

王西樓野菜譜明嘉靖刊本

玄玄棋經元刊本

鞠小正舊鈔本　吴枚菴藏印

進呈祕本食譜草稿

膳夫經精鈔本

蘭易宋鹿亭翁撰　舊鈔本　吴枚菴藏印

鬻子明刊本

子華子明刊本

尹文子明刊本

鶡冠子王引之校本　孫星衍藏印

公孫龍子明刊本

鬼谷子舊鈔本

鬼谷子明刊本

呂氏春秋明嘉靖刊本　雲間宋邦乂等校

呂氏春秋明萬曆刊大字本　戈小蓮校

呂氏春秋明吴勉學校刊本

呂氏春秋靈巖山館刊本　朱邦衡手校　滋蘭堂藏印

淮南子元刊本

淮南子明朱東光校刊本　中立四子之一

淮南子莊氏刊本　丁敬身校　玉雨堂結一廬藏印

人物志明刊本　汪魚亭藏印

白虎通明萬曆刊本

金樓子鈔四庫本

重編金樓子舊鈔本

劉子明崇德書院刊本

鹿門子明刊本

意林語要明嘉靖廖自顯刊本

儒門經濟長短經唐趙蕤撰　舊鈔本

芻言宋崔敦禮撰　鈔四庫本

近事會元宋李上交撰　鈔四庫本　結一廬藏印

東觀餘論宋黃伯思撰　校鈔本

猗覺寮雜記宋朱翌撰　舊鈔本　平江黃氏、秀水朱氏藏印

能改齋漫録舊鈔本　据宋本校　陳仲魚、王西莊藏印

容齋隨筆宋刊本

容齋續筆宋刊本

容齋五筆明馬元調刊本　顧竹泉校

緯略鈔本　硃筆校

程氏考古編舊鈔本　吴兔床藏印

程氏演繁露明萬曆刊本　据宋本校

程氏演繁露續集明鈔本　吴省蘭校　石研齋藏印

野客叢書明刊小字本

賓退録宋趙與時撰　舊鈔本

困學紀聞明刊本

困學紀聞明刊本

識遺舊鈔本

經史問答李宗蓮高子受手校

經史通譜莊亭楊豫孫撰　謏聞齋鈔本

訂譌類編鈔本

論衡明道津草堂刊本

正揚舊鈔本

丹鉛總録明嘉靖刊藍印本

徐氏筆精明徐𤊹撰　明崇禎刊本　方濬師跋

日知録之餘舊鈔本　梁蕉林藏印

春明退朝録明鈔本

宋景文筆記鈔本

省心雜言舊鈔本

東原録宋龔鼎臣撰　小山堂舊鈔本

東原録舊鈔本

文昌雜録鈔本

麈史宋王得臣撰　舊鈔本

夢溪筆談明刊本

仇池筆記精鈔本

東坡志林明趙開美刊本

師友談記宋李廌撰　舊鈔本

石林燕語明正德刊本

石林燕語明刊本

石林燕語胡珽活字初印本　校甚細

石林避暑録明刊本

五總志小山堂舊鈔本　陳仲魚、吴兔床藏印

東園叢説宋李如篪撰　舊鈔本　秦敦夫藏印

履齋示兒編舊鈔本　有校

鶴林玉露宋羅大經撰　明刊本

鶴林玉露明刊本　天禄琳琅藏印

鶴林玉露明刊本

鶴林玉露日本刊本

鶴林玉露日本刊本

吹劍録舊鈔本　楊繼梁藏印

佩韋齋輯聞宋俞德鄰撰　鈔本

書齋夜話宋俞琰撰　舊鈔本　汪魚亭藏印

類説明刊本

類説舊鈔本

經鉏堂雜志宋倪思撰　舊鈔本　王宗炎藏印

志雅堂雜鈔校鈔本

識小録清徐樹丕撰　舊鈔本　璜川吴氏藏印

東坡物類相感志精鈔本

東坡物類相感志舊鈔本

都公譚纂舊鈔本

餘冬序録明萬曆刊本

餘冬序録舊鈔本

學圃藼蘇明陳耀文撰　明刊本

使規明張洪撰　舊鈔本

飛鳧語略明秀水沈德符撰　舊鈔本

焦氏筆乘明刊本

少室山房筆叢明刊本

推篷寤語明李豫亨撰　明隆慶刊本

脈望明趙台鼎撰　舊鈔本　有校　畢瀧藏印

震澤長語明刊本

傍秋亭雜記明顧清撰　舊鈔本　何元錫藏印

古言明刊本

餘菴雜録明海鹽陳恂撰　舊鈔本　結一廬藏印

天都載明新都馬大壯撰　舊鈔本　知聖道齋、葉東卿藏印

榕城隨筆明刊本　徐興公鄭赤之藏印

孫氏日抄明嘉靖洞庭孫宜序　舊鈔本

梅花草堂集明張大復撰　明刊本

人鏡陽秋明刊本

人鏡陽秋鈔本

麈談一録明沈儀撰　舊鈔本

韻石齋筆談清姜紹書撰　舊鈔本

芝省齋隨筆清嘉興李遇孫撰　手稿本

破邪集高麗翻刊本

蟲獲軒筆記海寧張爲儒撰　鈔本

幼學日記清嚴我斯撰　稿本

谷水談林清胡夏客撰　舊鈔本

吳鰥放言舊鈔本　吳枚菴藏印

消夏閒記摘鈔清顧公燮撰　鈔本

人海記清查慎行撰　鈔本

鈍吟雜録清馮定遠撰　懷古堂鈔本

多能鄙事舊鈔本

畸叟放言舊鈔本

五茸志逸鈔本

黄尊素説略古香書屋鈔本

郡譚採餘明刊本

闢毛先聲清乍浦蔣元撰　舊鈔本　古香樓、吳枚菴藏印

遠異録精鈔本

心太平録稿本

上水録 精鈔本

醉里耳餘録 署名西堂居士編　稿本

野語祕彙 鈔本

識小猥編 鈔本

居夷筆塵 舊鈔本

炊飯録 舊鈔本　季振宜吴枚菴藏印

炊飯録 舊鈔本

北窗代枕編 明謝鳳翩撰　舊鈔本　似稿本

景蘇雜録 舊鈔本　何義門藏印

佘氏偶記 明佘翹聿雲撰　舊鈔本　璜川吴氏、孫星衍藏印

香霧雲鬟小録 滬城無無龕主撰　稿本

先秦諸子合編 明天啓緜渺閣刊本

百川學海 明刊本

續百川學海 明刊本

廣百川學海 明刊本

蘇米志林 明汲古閣刊本

紀録彙編 明刊本

稗海 明刊本

范氏二十種奇書 明刊本

叢鈔廿一種 舊鈔本

藝林學山 舊鈔本　季滄葦、涉園藏印

寶顔堂祕笈 明刊本

鹽邑志林 明樊維城輯　明刊本

山居雜誌廿種 明萬曆汪士賢刊本

漢魏叢書 明刊本

津逮祕書 明汲古閣刊本

唐宋叢書 經德堂刊本

格致叢書 明刊本

鈍翁説鈴 龍池山房鈔本

武英殿聚珍板書活字本

知不足齋叢書周已翁批校本

鄂刻百子譚復堂批校本

祕書九種毛詩校過

蒼雪菴日抄三種舊鈔本　曹倦圃藏印

馮登府手稿四種

梵雅　風懷補注　小檇李亭擴談　全唐詩未備書目

廣堪齋遺書舊鈔本　畢瀧涉園藏印

搜精測隱祕訣　煉丹次第要知　靈棋經　馬弔譜

敏果齋叢書鈔本

鄉兵救命書　友助事宜　賀縣團練規條

藝文類聚明嘉靖刊小字本

北堂書鈔明陳禹謨刊本

初學記明安氏刊本　過録嚴鐵橋校宋本

初學記明藩翻安國刊本

白孔六帖

太平總類明鈔本

太平御覽活字本

皇宋事實類苑景鈔宋本

海録碎事宋葉庭珪撰　明萬曆刊本　周星詒、蔣香生藏印

回溪史韻影鈔宋本　顧肇聲藏印

全芳備祖前後集舊鈔本　翰林院教忠堂藏印

元和姓纂孫星衍刊本　周星詒校

職官分紀宋孫逢吉撰　鈔本　季振宜藏印

合璧事類五集明刊本

玉海元刊明印本

小學紺珠元刊明補本

韻府羣玉元刊本

記纂淵海明刊本

記纂淵海鈔本

百子類函明刊本

書言故事大全明刊本

羣書類要事林廣記明刊大黑口本

事林廣記明初刊本

姓氏尋源鈔本

廣韻藻明刊本

古今書抄明萬曆刊本

原始祕書明寧王權撰　舊鈔本

羣書考索明正德慎獨齋刊本

五侯鯖明豫章彭儼撰　明萬曆刊本

古人別號明楊慎編　藝海樓鈔本　徐康跋

釋文三注故事元周實父撰　明刊本

古人雜稽舊鈔本

三體摭韻舊鈔本　小萬卷樓藏印

三體摭韻續編鈔本

杜士基類衷鈔本

西京雜記舊鈔本　東林草堂藏印

天禄閣外史後漢黄憲撰　舊鈔本　紅豆書屋藏印

世説新語明嘉靖刊本

世説新語明萬曆刊本

劉須谿評校世説新語明刊本　硃筆批校

續世説影宋舊鈔本　馬笏齋藏印

續世説新語明刊本

唐世説新語明刊本

雲仙散録精鈔本

開天遺事明鈔本

明皇十七事王鐵夫跋

大唐逸史舊鈔本

闕史舊鈔本　葉林宗跋　孫星衍藏印

友會談叢舊鈔本

北里誌鈔本

後山談叢舊鈔本　孫星衍藏印

孫公談圃影鈔宋本　玉雨堂、謙牧堂藏印

侯鯖録明芸窗書院刊本

東軒筆録宋魏泰撰　舊鈔本

續墨客揮犀舊鈔本　惠定宇、顧湘舟藏印

續墨客揮犀蔣氏茹古精舍鈔本

南窗紀談舊鈔本　畢瀧藏印

聞見前録明汲古閣刊本　何小山、周星詒校

聞見後録明汲古閣刊本　何小山校

北窗炙輠校鈔本

桯史明嘉靖覆宋刊本

獨醒雜志四庫鈔本

青瑣高議別集鈔本

玄中記明姚舜咨手鈔本　周星詒題字　蔣香生藏印

碧雲騢明姚舜咨手鈔本

輟耕録明玉蘭堂刊本

玉壺冰明都穆輯　舊鈔本

何氏語林明何良俊撰　明刊本

剪桐載筆明汲古閣刊本

涇林續記明鈔本　玉蘭堂季滄葦玉雨堂藏印

海虞妖亂志鈔本

耳譚明刊本

客座贅語明刊本

鐙窗叢録清吴翌鳳撰　鈔本

宛委餘編摘鈔本

復齋日記明許浩撰　明鈔本　清默道人跋　吴瑑藏印

山海經明鬱岡齋鈔本　王石臞校
穆天子傳舊鈔本　過録盧弓父校
異苑宋劉敬叔撰　明胡震亨刊本
三岡識略鈔本
杜陽雜編唐蘇鶚撰　舊鈔本　吴枚菴藏印
太平廣記明刊本
太平廣記明刊本
太平廣記明活字本
五朝小説明刊本
廣四十家小説明刊本
夷堅志明刊本
夷堅支志明清平山堂刊本
夷堅志類編明鈔本
廣卓異記宋樂史撰　舊鈔本　謙牧堂藏印
廣異録舊鈔本　黄蕘翁跋

鬼董狐舊鈔本　周慶承跋
廣陵夢記鈔本
漢武帝内傳鈔本　陳仲魚藏印
虞初志明刊本　上黨馮氏默菴話雨樓士禮居藏印
廣博物志明萬曆刊本
酉陽雜俎明萬曆刊本
板橋雜記鈔本　吴枚菴校
京本演義三國志傳明李贄評註　明刊本
三國通俗大全明内府刊本
出像西洋記明羅懋登撰　明刊本
稗史彙編明王圻撰　明刊本
弘明集明刊本
廣弘明集明刊本
法苑珠林明刊本
宋高僧傳明萬曆經山寺刊本

法藏碎金明嘉靖刊本
法藏碎金明刊本
景德傳燈録舊鈔本
五燈會元明崇禎刊本
建中靖國續燈録日本鈔本
雪竇顯和尚頌古元刊本
投子青和尚頌古元刊本
雲棲類編舊鈔本
楞嚴經明刊本
貞元華嚴經日本鈔本
瑜珈論略纂日本鈔本
浄土單持録清朱錫庚撰　漢陽葉氏鈔本
禪寄筆談明刊本
道德經明世德堂刊本
道德經明刊本

道德經評註鈔本
南華真經明世德堂刊本
南華真經評註舊鈔本
沖虚至德真經明世德堂刊本
列子口義明刊本　有校
列子鬳齋口義明刊本
文子明萬曆刊本
文子明刊本
四子全書明萬曆刊本
玄真子唐張志和撰　明刊本
天隱子明刊本
天隱子舊鈔本
雲笈七籤刊本
道藏輯要
席上腐談宋俞琰撰　舊鈔本

陰符經立解舊鈔本　吴枚菴藏印

呂祖百字碑舊鈔本

金笥寶録明正德刊本

仙苑編珠明鈔道藏本

冲用編十二種道家言　清江陰曹禾輯　舊鈔本　徐炯藏印

歷世真仙體道通鑑元刊本

列仙通紀明刊本

玉笈金箱鈔本

集部

楚辭宋刊明印本　煙嶼樓藏印

楚辭章句漢王逸注　明刊本　錢求赤校

楚辭明隆慶辛未夫容館刊本

楚辭明汲古閣刊本

楚辭全集明朱宗沐刊本

離騷草木疏影宋精鈔本

孔北海集四庫鈔本

蔡中郎文集影鈔宋本

蔡中郎文集蘭雪堂活字本　盛伯羲校　毛子晉藏印

蔡中郎文集蘭雪堂活字本　何元錫藏印

蔡中郎集明萬曆刊本　丁晏藏印

蔡中郎文集校鈔本　黄蕘圃顧千里跋

陸士衡集明刊本　二俊集之一

陶靖節集明嘉靖蔣氏刊本

陶淵明集明仿宋刊本

陶集明刊本　有校

陶靖節集明刊本　項墨林藏印

校注陶靖節集清陶澍撰　稿本

左貴嬪集晉左芬撰　舊鈔本

謝宣城詩集明鈔本　徐健菴、毛子晉、季滄葦藏印

謝康樂集明刊本　焦竑校　揚州阮氏藏印

華陽陶隱居集鈔本

陶貞白集明黄省曾編　鈔本　顧湘舟藏印

何水部集明刊本

梁何遜集白石山房鈔本　陳白沙、石研齋、孫星衍、吴枚菴藏印

徐孝穆集明屠隆評　明刊本

王褒集明鈔本　何義門跋

薛道衡集明鈔本　何義門跋

劉孝威集明鈔本　何義門跋

張正見詩明鈔本　有校

唐太宗集據明朱應辰本鈔

唐太宗集舊鈔本

唐玄宗集舊鈔本

王子安集鈔本

楊炯集明活字本

駱丞集明刊本

駱丞集明杜紹發刊本

靈隱子明萬曆陳大科刊本

陳伯玉集明刊本

陳伯玉文集鈔本　趙懷玉、顧湘舟依宋本校　古香樓藏印

子昂集舊鈔本　王宗炎校

張曲江集明萬曆刊本　顧湘舟藏印

蘇廷碩集明活字本

分類補註李太白集明刊本

李詩補注明刊本

草堂詩箋高麗刊本　古逸叢書底本

杜詩集注明刊本

杜少陵詩文集舊鈔本

杜子美集評注甚詳，不知何人手筆　馬思贊藏印

杜集明刊本

錢注杜詩沈雨莊臨王阮亭批本

杜工部詩箋注年譜附清刊本　有評點

王摩詰集明鈔本

王右丞詩集註明刊本

唐元次山文集舊鈔本　倪元璐藏印

元次山集明刊本　馬衎齋藏印

顏魯公文集明錫山安氏館刊本

顏魯公集明萬曆刊本

劉隨州集明正德刊黑口本

劉隨州集明刊本　可園藏印

劉隨州集讀古樓精鈔本　黃蕘圃跋　顧湘舟藏印

韋蘇州集明刊本

韋蘇州集玉烟堂刊本

韋江州集明太華書院刊本

朱文公校昌黎先生文集元刊本　有竹山房藏印

昌黎詩集註批校本　過朱竹垞、何義門評點

韓昌黎集明蔣之翹輯注　明刊本

韓昌黎集東雅堂刊本

五百家注音辯昌黎集日本刻本

唐柳先生集元刊本　楚蘭藏印

增廣注釋音辯唐柳先生文集元刊本

柳河東集鈔本　朱訪梅録何義門校　袁廷檮藏印

河東先生集明濟美堂刊本

柳集音義元刊本

劉賓客集舊鈔本

劉夢得集覆宋本

劉賓客集明鈔本

劉賓客外集藝海樓鈔本

張司業集明劉成德刊本

李文公集明汲古閣刊本

李元賓集唐李觀撰　鈔本

李元賓集舊鈔本

孟東野集明秦禾刊本　顧湘舟藏印

孟東野集明淩濛初刊套印本

李長吉詩集元刊小黑口本

李長吉集宋吴正子箋注　劉須溪評點　明刊本

玉川子集精鈔本　陸時化藏印

曹堯賓集精鈔本　陸時化藏印

沈下賢集明翻宋本

沈下賢文集舊鈔本

李衛公集明刊本

元氏長慶集明華氏活字本

白氏長慶集明華氏活字本　張月霄跋

白氏文集明刊本　陸勑先跋

白樂天文集明郭勛覆宋刊本　璜川吴氏藏印

白樂天詩集明郭勛覆宋刊本

杜樊川集明仿宋本　懷古書屋藏印

杜樊川集焦氏鈔本　焦循手跋

李義山詩舊鈔本　評註甚詳

李義山詩罨畫溪别業鈔本

李義山集程午橋刊本　有校　李芋仙藏印

文泉子集唐劉蜕撰　藝海樓鈔本

孫可之集明刊本　結一廬藏印

曹祠部集唐曹鄴撰　藝海樓鈔本

麟角集唐王棨撰　鈔本

皮子文藪 仿宋本　有校
皮子文藪 鈔本　朱士楷藏印
笠澤叢書 碧筠草堂刊本
韓翰林詩集 明席氏刊本
韓君平集 舊鈔本
宗玄先生文集 唐吴筠撰　鈔本
玉山樵人集 唐韓偓撰　舊鈔本　何元錫藏印
唐盧户部詩集 明刊本
讒書 唐羅隱撰　舊鈔本　拙經叟跋　汲古閣藏印
徐公釣磯文集 舊鈔本　巴陵方氏藏印
白蓮集 鈔本
浣花集 明毛氏緑君亭刊本
唐女郎魚玄機集 舊鈔本
徐公文集 鈔本
逍遥集 鈔本

寇萊公集 明刊本
小畜集 鈔本
林和靖集 明萬曆刊本
穆參軍集 舊鈔本　海虞吴氏擁書樓藏印
穆參軍集 舊鈔本
穆參軍集附遺事 舊鈔本　青浦王昶藏印
河南穆公集附遺事 鈔本　過録汪秀峯、朱竹垞何義門校
河南穆公集 鈔本　盛伯羲藏印
春卿遺稿 據四庫鈔本
鉅鹿東觀集 景鈔宋本
東觀外集 鈔本
范文正公集 明刊本
河南尹先生集 舊鈔本　朱士楷藏印
尹河南集 鈔本

孫明復小集校鈔本　王芑孫評閲

蔡忠惠集明萬曆刊本

陳古靈先生集鈔本

伐檀集明刊本

司馬温公傳家集明萬曆十六世孫祉刊本

都官集舊鈔本　知聖道齋藏印

都官集鈔本

丹淵集陳眉公訂正　鈔本　顧湘舟藏印

丹淵集明汲古閣刊本

元豐類稿明成化刊本

元豐類稿明嘉靖王忬校刊本

南豐文集明萬曆刊本

宛陵先生集明萬曆刊本

宛陵先生集明刊本

宛陵詩集明刊本

忠肅集據四庫鈔本　何元錫藏印

王魏公集舊鈔本

文潞公集舊鈔本

曾文照集舊鈔本　陳仲魚、錢聽默藏印

周濂溪集明嘉靖刊本　樂意軒吴氏藏印

歐陽文忠公大全集元刊本

六一居士集明刊本

嘉祐集明嘉靖刊本

臨川集明刊本

王臨川集明刊本　樸學齋藏印

廣陵文集校鈔本　以禦兒吕氏本校過

東坡全集明萬曆刊本

東坡外制集明弘治刊本

施注蘇詩評點甚詳，不知誰氏手筆　知不足齊藏印

百家注分類東坡詩集明萬曆刊本

欒城集附應詔集明刊本
欒城應詔集鈔本
山谷全書明嘉靖刊本
山谷刀筆明刊本　王眉菴藏印
任注陳后山詩舊鈔本
張右史集鈔本
張右史文集舊鈔本　潤甫藏印
寶晉英光集精鈔本
西塘先生文集明萬曆刊本
景迂生集鈔本
雞肋集明鈔本
雞肋集顧氏詩瘦閣刊本　二西堂藏書印
石堂遺集鈔本
道鄉全集明刊大黑口本
道鄉詩文集明刊本

吴北湖集鈔本　朱士楷藏印
溪堂集鈔本
謝幼槃文集舊鈔本　録竹垞題語
慶湖遺老詩集鈔本
老圃集四庫鈔本
筠溪文集舊鈔本
大隱居士集鮑鈔本
陵陽先生詩集鈔本
陵陽先生集舊鈔本　藏經堂陳氏藏印
雲溪居士集舊鈔本　過録石倉跋
豫章遺文汪刊本
歐陽修撰集舊鈔本
飄然集鈔本
飄然集繆氏雲自在堪鈔本
高東溪文集鈔本

雪溪集校鈔本
知稼翁集明刊本
知稼翁集鈔本
葛侍郎歸愚集舊鈔本
香溪先生集元刊明印本
鄮峯真隱漫録鈔本
羅鄂州集明刊黑口本
朱子大全集元刊明配本
朱子大全集明嘉靖仿宋本
方舟集舊鈔本
方舟集鈔本
東萊吕太史文集依宋鈔本
止齋集明弘治刊本　四庫底本　結一廬藏印
王梅溪前後集明正統刊本
王梅溪文集明正統刊本　摛藻堂、皮硯齋藏印

蒙隱集舊鈔據四庫本
東塘集鈔本
蠹齋鉛刀編鈔本
王雙溪集明刊本
雙溪集舊鈔本　蔣香生藏印
陸象山集明嘉靖刊本
野處類稿舊鈔本　黄蕘圃校
誠齋集明刊本
誠齋集精鈔影宋端平本　何元錫藏印
水心先生别集鈔本　有校　聊中隱齋藏印
石屏續集舊鈔本
江湖長翁集明萬曆刊本　郁泰峯藏印
山房集舊鈔本
海瓊玉蟾先生文集明刊黑口本
白海瓊摘稿明嘉靖刊本　季滄葦藏印

漫塘文集明萬曆刊本

菊磵小集影鈔宋本

龍川先生文集明刊本　金元功、稽瑞樓、舊山樓藏印

鶴山大全集鈔本

白石道人詩詞集舊鈔本　畢瀧校

野谷詩稿蔣西圃鈔校本

洪文敏公集鈔本

洪平齋先生四六箋注舊鈔本

杜清獻集鈔本

方是閒居士小稿丁氏遲雲樓鈔本

四六標準明萬曆刊本

方壺先生集鈔本

默齋遺稿鈔本　結一廬藏印

滄浪吟舊鈔本

劉後村大全集藝海樓鈔本

後村大全集明鈔本

彝齋文編舊鈔據永樂大典本

劉蒙川遺稿藝海樓鈔本

雪磯叢稿舊鈔本　四庫底本

雪磯叢稿舊鈔本　馬素邨藏印

梅屋詩稿雜著五種鈔本

梅屋詩稿舊鈔本　四庫底本

勿齋文集舊鈔本　四庫底本

文文山集杜句詩鈔本　貝簡香藏印

文山全集明崇禎刊本

謝疊山集明萬曆刊本　顧湘舟藏印

劉須溪記鈔明天啓刊本

晞髮集平湖陸氏校刊本

蘭皋集精刊本　黃蕘圃藏印

黄四如先生文集舊鈔本

勿軒先生集附補遺鈔本

古梅遺稿舊鈔本　四庫底本

方韶卿集舊鈔本　据大典本校　盧文弨藏印

存雅堂遺稿五卷震无咎齋鈔本

吾汶藁鈔本

紫巖詩選震无咎齋鈔本

閑閑老人滏水文集鈔本　有校

滏水集舊鈔本

滹南遺老集鈔本

莊靖集舊鈔本

遺山詩集明汲古閣刊本　丁晏評

湛然居士集鈔本

湛然居士集金亦陶手鈔本

湛然居士文集鈔本

藏春集舊鈔本

陵川文集依元鈔本

白雲稿鈔本　四庫底本　秦恩復藏印

稼村先生類稿明刊本

月屋漫稿鈔本　漁書樓藏印

戴剡源文集金亦陶手鈔本　朱竹垞藏印

剡源集明萬曆刊本

玉斗山人文集舊鈔本　四庫底本

吳文正公集據明萬曆本鈔　蔣香生、樂意軒吳氏藏印

吳草廬集明三槐書堂刊本

金囦集金亦陶手鈔本

劉文靖公集明成化刊本

劉静修集明弘治刊黑口本

存悔齋集文瑞樓鈔本

秋澗大全集鈔本

漢泉漫稿金亦陶手鈔本

陳剛中詩集舊鈔本

清容居士集鈔本　朱之赤校

周此山先生詩集鈔本　何元錫藏印

霞外集金亦陶手鈔本

蒲室集二餘軒鈔本　重遠書樓藏印

續軒渠集明淡生堂鈔本

續軒渠集鈔本

梅花字字香舊鈔本　知聖道齋結一廬藏印

勤齋集鈔本　玉雨堂藏印

道園學古録元刊本

道園遺稿鈔本

虞道園集金亦陶手鈔本

揭文安公詩集明鈔本　據元本校　李兆洛、季錫疇跋　王弇州、錢竹汀、張蓉鏡藏印

揭文安公詩選鈔本　李兆洛、季錫疇跋　黄丕烈、張蓉鏡、顧肇聲藏印

淵穎先生文集明嘉靖刊本

金華黄學士文集元刊本

圭齋集元刊大黑口本

所安遺集金亦陶手鈔本

吴禮部文集繆藝風鈔本

杏亭摘藁鈔本　過録趙清常跋

滋溪文稿舊鈔本

經濟文集據四庫本鈔

蜕菴詩集附詞元張翥撰　舊鈔本

啽囈集元宋无撰　明刊黑口本　王蓮涇藏印

書林外集舊鈔本　朱竹垞跋

黄楊集附補遺明洪武序　萬曆刊本

蟻術詩集

玩齋集舊鈔本

倪雲林集明萬曆刊本

雲林詩集明刊本　汪季青、顧元慶、庋硯齋、摛藻堂藏印

雲林集震无咎齋鈔本

張光弼詩集舊鈔本

不繫舟漁集鈔本

貢南湖詩集金亦陶手鈔本

居竹軒詩集金亦陶手鈔本

鹿皮子詩集舊鈔本　何元錫藏印

鹿皮子詩集金亦陶手鈔本

師山先生文集鈔本

肅雝集金亦陶手鈔本

丁孝子詩集鈔本

鼂巢集鈔本

郭靜思詩集金亦陶手鈔本

吕敬夫詩集曹倦圃鈔本　徐柳泉跋

東皐集明秦璠撰　明弘治刊黑口本　王蓮涇藏印

雲松巢詩集舊鈔本　四庫底本

花谿集鈔本

楊鐵崖文集元刻本　眠琴山館藏印

鼓枻稿舊鈔本

潛溪集明刊本　士禮居藏印

劉誠意集明正德刊本　陳仲魚藏印

誠意伯集明嘉靖刊本

鳳池吟稿明刊本

王忠文公集震无咎齋鈔本

張翠屏先生集明刊本

翠屏集明成化刊本

張孟兼集舊鈔本　通體評註
覆瓿集舊鈔本
覆瓿集舊鈔本
栢軒集舊鈔本　晉賢藏印
清江貝先生文集舊鈔本
蘇平仲集據明洪武刊本鈔　文選樓藏印
胡仲子文集舊鈔據明洪武刊本
臨安集明錢宰撰　精鈔據明洪武刊本　文瑞樓藏印
青邱詩文集精鈔據明成化刊本
青邱詩集文瑞樓刊本
希董先生遺集明茅大方撰　明刊本　周松靄藏印
觀光詩集明侯復撰　文瑞樓鈔本　宋賓王校
布衣陳先生存稿明陳真晟撰　舊鈔本
鳴盛集明林鴻撰　明刊本
望雲集明郭奎撰　舊鈔本

蚓竅集舊鈔本　曹楝亭、敷槎昌齡藏印
九龍山人稿精鈔本
草閣詩集明李昱撰　鈔本
樗菴類稿明鄭潛撰　震无咎齋鈔本
陳白沙全集明嘉靖刊本
白沙詩教解明湛若水輯　明隆慶刊本
篁墩先生文集明刊本　朱筆校補　敷槎昌齡藏印
式齋文集明陸容撰　據弘治本鈔　王西莊跋
石田集明萬曆刊本
耕石齋石田詩鈔明刊本
一峯文集明羅倫撰　明嘉靖刊本
容春堂集明邵寶撰　明嘉靖刊本
祝氏集略明嘉靖刊本
康對山集明萬曆刊本
何大復集明嘉靖刊本

拘虛集明嘉靖刊本
拘虛集明刊本
玄素子集明廖道南撰　明嘉靖刊本
徐迪功集明刊本
適園雜著附禪林餘藻明陸樹聲撰　舊鈔本
楊升菴集明萬曆重刊本
升庵文集明刊本
甫田別集藝海樓鈔本
楊太宰獻納稿明楊博撰　明刊本
王遵巖文集明刊本
宗子相詩集明刊本
宗子相詩文集明刊本　蔣香生藏印
歸太僕集明崇禎刊本
四溟山人集明刊本
少室山房類稿明萬曆刊本

少室山房類稿明刊本
甘白文集明正統刊黑口本　汪魚亭藏印
巢睫集舊鈔本
菉竹堂稿明嘉靖刊本　吴方山藏印
商文毅公集明萬曆刊本　曹倦圃藏印
西山類稿明嘉靖刊本　秋園張氏藏印
文温州集明文林撰　明刊本
涇野先生集明嘉靖刊本
崔東洲集明刊本
陳白陽詩據明萬曆刊本鈔
穀城山館文集明刊本
林初文詩選附吴凝甫詩舊鈔本
由拳集明刊本
玉茗堂集選明刊本
益齋亂稿鈔本

興觀集鈔本
松圓浪淘集明刊本
陶菴集明刊本　汪季青藏印
湯睡庵集明刊本
霜猿集舊鈔本　廣堪齋藏印
劉文烈集鈔本
金星橋文集精鈔本
擬古樂府明刊黑口本　通體評註　史可法藏印
黄忠端公遺集鈔本
朱西村詩擬註稿本
蔣山傭詩集鈔本
錢牧齋集明刊本
錢牧齋遺著舊鈔本
錢牧齋尺牘刊本
投筆集鈔本

晚村文集初印本
寒支初集刊本　周已翁校
守甓齋詩鈔清計二田撰　鈔本
二田齋讀畫絶句鈔本
南雷文約刊本　三山陳氏藏印
朱竹垞先生風懷詩鈔本
南山集活字本　有圈點
壽松堂詩稿清陳來春撰　稿本
浮雲玉集清陳之遴撰　舊鈔本
謙谷集清汪筠撰　稿本
稗畦集清洪昉思撰　舊鈔本
葉文敏公集清葉方靄撰　舊鈔本
雲中集清曹溶撰　舊鈔本
寄菴詩集清韓君望撰　舊鈔本
清容居士外集清蔣士銓撰　鈔本

述菴詩鈔刊本　吴兔牀跋

苦竹山房詩鈔清桐城張純撰　舊鈔本

益戒堂詩集清長白揆叙撰　稿本

結埼亭集鈔本　校注頗詳，謂與刻本有異同

抱山堂詩選清易諧撰　鈔本

梅村詩箋舊鈔本　彭甘亭徐元潤跋

存研樓二集清儲大文撰　手稿本

見峯詩鈔清畢禮撰　舊鈔本

青溪存稿清程廷祚撰　寫定本

青立軒詩宋華金撰　舊鈔本　襄陽府宋華金藏印

帶經堂全集清王士禛撰　程哲刊本

王信伯文集舊鈔本

王光菴集鈔本

罨畫樓集舊鈔本

鶴田文集鈔本

韋先生文集鈔本

始可與言舊鈔本　汪魚亭藏印

文選六臣注明嘉靖潘維時維德刊本

文選明藩本

元和三舍人詩集唐王涯、令狐楚、張仲素撰　舊鈔本

孫劉合刻明崇禎刊本

才調集紅豆齋校本　孫星衍藏印

古文苑明萬曆張象賢刊本　盛伯羲據宋本校

古文苑明刊本

古文苑清仿宋刊本　闕名校

文苑英華明刊本

文苑英華明鈔本

唐人選唐詩明汲古閣刊本

唐文粹明刊本

唐文粹 明嘉靖刊本

樂府詩集 元刊明印本

宋文鑑 明刊本

五百家播芳大全文粹 繆藝風據罟里瞿氏藏本鈔

江湖後集 文瀾閣傳鈔本

江湖後集 四庫鈔本　法詩龕、葉東卿藏印

吳都文粹 舊鈔本　朱竹垞藏印

柴氏四隱 鈔本　惠定宇藏印

沈氏三先生文集 明翻宋刊本

蕊閣集 宋辛棄疾輯　舊鈔本　翰林院藏印

明弘秀集 明汲古閣刊本

唐僧弘秀集 明刊本

唐僧弘秀集 明刊本　朱彝尊藏印

唐僧弘秀集 鈔本　果親王藏印

聖宋名臣獻壽文 影宋鈔本

宋人三家四六 鈔本　黃蕘圃跋　宋本校過

唐雅 明仿宋本

九僧詩 舊鈔本

二范集 明刊本

谷音詩 鈔本　惠定宇藏印

元文類 明晉藩重刊本

皇元風雅前後集 日本仿宋刊本

唐音 明刊本

古樂府 明嘉靖刊本

古樂府 明刊本

唐詩品彙附拾遺 明金陵刊本

註唐詩鼓吹 明刊本

東漢文鑑 明刊袖珍本

漢魏廿一家集 明刊本

漢魏詩乘前後集 明梅鼎祚編　刊本

六朝詩明刊本

文氏家集明刊本

唐四傑文集明萬曆刊本

唐宋八家文鈔明刊本

京板新增注釋古文大全明萬曆刊本

古逸詩

古詩歸明閔氏刊套印本

古詩所明刊本

唐詩所明刊本

唐詩拾遺明成化序　明嘉靖刊本

四唐人集明許自昌刊本

五唐人集明汲古閣刊本

唐人八家集明汲古閣刊本　長江集据宋本校

唐人十一家小集明刊本

唐十二家詩明楊允大校刊本

唐十三家集明刊本

唐人百家明刊本

唐三高僧詩明汲古閣刊本

唐人小集明刊本

唐詩百家明刊本

唐人合刊七種明席氏刊本

古唐詩合選舊鈔本

唐詩英華清刊本　存錢謙益序　批校

元詩明刊本

皇明文選明嘉靖刊本

明興詩選明刊本

曹石倉明詩選明刊本

樂府汲古閣本

詩選鈔本

詩紀明萬曆刊本

全蜀藝文志
全閩明詩鈔鈔本
岳陽紀勝彙編明刊本　内府藏印
荆溪外紀明沈敕編　明刊本
虎邱詩集精鈔本
玉山名勝集精鈔本
玉山草堂集明汲古閣刊本
風雅翼高麗刊本
吴中古蹟詩鈔本
松陵集明汲古閣刊本
新安文獻志明刊本
中州題咏集明刊本
秦藻幽勝録明刊本
皇越詩選越南裴存菴選　鈔本
詩詞雜俎明汲古閣刊本

彙韻詩鈔舊鈔本
皇華集高麗活字銅版本
天台三聖詩釋楚石輯　明刊本
文翰類選明刊本
評釋文選闕名評註尚詳
唐詩别裁集吴枚菴校本　過何義門批
平遠山房選唐詩精鈔本
立方文選録清馮恒撰　鈔本
永日編鈔本　張金吾跋
漢文鑑偶記謏聞齋鈔本
宋詩鈔管芷湘校
宋詩鈔補舊鈔本
湖州詩録精鈔本　别下齋、天壤閣藏印
耕讀堂家集清乾隆鈔本
曼殊留視圖册遺蹟鈔本

湖北金石詩清嚴觀撰　舊鈔本　吴枚菴畢瀧藏本

舊雨集清周準輯　舊鈔本　長洲嚴氏燿曾藏印

璇璣圖精鈔本　題嘉慶二年若汀居士鈔

同人集清咸豐己未活字本　周星詒校　蔣香生藏印

宋金元詩選補遺吴枚菴鈔本

釋門古詩鈔本

排悶齋樂府

吾炙集鈔本

文心雕龍明嘉靖刊本

文心雕龍明萬曆刊本

唐詩主客圖舊鈔本

詩式唐釋皎然撰　舊鈔本

詩話總龜明月窗道人刊本

詩話總龜明刊本

四六話四庫鈔本

全唐詩話明萬曆刊本

東坡詩話舊鈔本

風月堂詩話四庫鈔本

唐詩紀事明嘉靖刊本

漁隱叢話舊鈔本

文則鈔本

四家詩話明仿宋刊本

作義要訣元倪士毅撰　藝海樓鈔本

文説元陳繹曾撰　藝海樓鈔本

修辭鑑衡元王構撰　據四庫鈔本

蒼厓先生金石例舊鈔本

豫章詩話明鄔子章撰　明萬曆刊本

玉笥詩談明朱孟震撰　舊鈔本　何元錫藏印

辭品明楊慎撰　舊鈔本　吴方山怡府藏印

漁洋詩話鈔本　古香樓藏印

文要鈔本　無序跋，卷二次頁標題「孫實君鈔録」

嚴思菴選本

巧對續録稿本

楹聯三話四話稿本

宋六十名家詞明汲古閣刊本

宋人未刊十四家詞精鈔本　張宗橚藏印

夢窗詞甲集明汲古閣刊本　古華詞隱校

黄山谷詞舊鈔本

澗泉詩餘鈔本　潛采堂、謙牧堂藏印

撫掌詞鈔本　潛采堂、謙牧堂藏印

蟻術詞選舊鈔本　何元錫藏印

蓮社詞鈔本

夢菴詞舊鈔本　批校

半軒詞舊鈔本　批校

小庚詞存鈔本　潘曾瑩陳壽祺評

樂府雅詞舊鈔本　鮑以文校　古香樓藏印

精選名儒草堂詩餘鈔本

唐宋諸賢絶妙詞選舊刊本

詞苑英華明汲古閣刊本

松陵詞選周氏刊本　盛百二藏印

詞海遺珠明刊本

南詞叙録明鈔本　蔡聖涯藏印

衆香詞彤雲軒鈔本

本事詞鈔本

天籟軒詞選鈔本

天籟軒詞譜鈔本

天籟軒詞韻鈔本

張小山小令鈔本　潛采堂謙牧堂藏印

北曲聯樂府鈔本

新定十二律京腔譜　王正祥纂曲　盧鳴鑾、施銓參訂

海萍逢傳奇　題五恕齋編　刊本

續琵琶記　吴山竹醉生撰　鈔本

草廬記　明刊本

琴心記　明刊本

東窗記　明刊本

昇仙記　明刊本

香山記　明刊本

玉釵記　明刊本

幽夢影　舊鈔本

貫華堂六才子書　舊鈔本

四聲猿　明刊本

中原音韵　陸敕先鈔本　黄蕘圃跋　李明古、葉石君藏印

録鬼簿　舊鈔本

後序

我國五千年文化，巍然居世界第一者至夥，而文籍爲尤盛。自甲骨造端，而簡牘，而卷軸，而雕版，而活字，相繼代興。典籍恢閎，先民創造之跡乃得賴以久垂。故家喬木，文獻繫焉，令人油然興愛國之思。滄桑迭更，五厄隨之，抱殘守闕，責在後人。尼父徵禮之歎，子長名山之藏，古今有同慨矣。海通以還，我惟舍舊從新，而人懷侵略之志，文化器物悉所覬覦。日美蒐集最爲豐博，英法次之。美國歷年所得彝器書畫，壹皆瓌寶。日本現藏珍槧，幾與我國自有者相埒。慨夫皕宋祕籍散入静嘉，敦煌遺書流徙域外。溯厥由來，實當時朝野漠視有以致之。孟子曰：「人必自侮而後人侮之。」豈不信歟！海鹽張菊生先生於戊戌政變後僑寓滬濱，悉心文教。當鼎革之際，古籍淪胥。先生四出訪求，所獲漸富。琳琅萬卷，甲於東南。先築涵芬樓藏之，繼復擴充爲東方圖書館。倭寇肆虐，俱罹焚如，僅少數善本先期移存他所者幸免浩劫。損失之重，曠古所無，豈特一館之事，蓋攸關國家文化者甚鉅。忽忽二十年，尚無可以繼而起者，思之能無餘憤。當先生初闢圖書館，以爲祇便閱覽，未足以廣流傳，遂發願輯印善本，博訪周諮，采摭牉合，成《四部叢刊》、《百衲本廿四史》等，皇皇鉅編，嘉惠來學。先生嘗言：景印之事，早十年，諸事未備，不可也；遲廿年，物力維艱，不能也。此何幸於文化銷沈之際，得網羅僅存之本，爲古人續命，而又何不幸於甄擇既定之本，尚未版行，乃嬴火横飛，多成灰燼。是真可爲長太息者也。館中藏弆，燬者什七八，存者什二三。然猶幸宋元精槧、名家鈔校，大都留遺。先生因編次爲《燼餘書録》，考訂詳明，於流略之學多有裨助。所燬善本原有目録，猶可考見。其中稿本鈔本，或竟未刊行，或刊傳未廣，或爲祖本，或有名校。如目中所載金亦陶手鈔元人詩，爲吾家俠君先生選元詩時所據底本。一綫之傳，實賴於斯，今亦絶跡人間。披覽存目，爲之憮然。抗日戰起，先生與葉揆初丈慮寇氛之日熾，亟圖國故之所以保存，乃創設合衆圖書館，召龍司檢校之役。追隨杖履，飫聞緒論，夙亦有蒐輯流通之好。惜時會難逢，百無一就，忝荷奬掖。此録付印，命爲校字。每有商榷，備承詔示。今獲告成，不僅燼餘之書有一詳細之紀載，亦且示舉世毋忘日寇之暴行，更惕厲後人作勿替之愛護也。方今政府明令保護圖書文物，必將大事搜訪，甚冀先生能復出提倡，協助蒐求，俾五千年遺獻無復散佚，資愛國主義之發揚，不敏亦敢效馳驅，待他日文化建設高潮之臨焉。質之先生，以爲何如？公元一千九百五十一年五月一日，顧廷龍謹序。

附録一　涵芬樓燼餘書録序

目録之學由來久矣，公藏則濫觴於更生之《七略》，私庋則以孝緒之《七録》爲嫞矢。天水一朝藏書之風最盛，如王氏之《崇文總目》、晁趙二氏之《郡齋讀書志》、尤氏之《遂初堂書目》、陳氏之《直齋書録解題》，俱流傳於世。自元明以降，則又浩如烟海，不可勝數。如天一、菉竹、汲古、述古諸目均爲後人所重，然考訂不詳、真僞莫辨、徒持空論，尚沿昔日之舊習也。後之精且博者，莫若士禮居、愛日精廬數家，鑒别宋槧元刊明鈔精校，分記行款、刊刻年月，對於目録之探討，益發揚而光大矣。海鹽張菊生先生，手創涵芬樓附設於商務印書館，廣事蒐羅，遍求海内外異書，承會稽徐氏熔金鑄史齋、長洲蔣氏秦漢十印齋、太倉顧氏蒐聞齋、北平盛氏意園、豐順丁氏持静齋、江陰繆氏藝風堂、烏程蔣氏傳書堂之敝，以故珍祕之本，歸之如流水，積百萬卷，集四部之大成，雖愛日藝芸不能專美於前矣。先生精於校讎，不愧家風（先生六世祖青在先生喜藏書，并延通人手寫校刊，至今爲人稱道）。其影印《四部叢刊》、《續古逸叢書》、《百衲本二十四史》，復宋元舊刊本之本來面目，盡泄天地間之祕藏，其嘉惠士林，有功文化，不在黄、顧下，豈僅抱殘守缺而已哉。壬申春，遭陽九百六之會，萬縑灰燼，學者異惜之。昔江左圖書厄於絳雲一炬，此則更有甚也。幸有六百餘種多孤行罕見之書，儲於金城銀行保管庫，得免於難，希世之珍尚在人間，亦足以自慰矣。菊生先生睹舊物之僅存，幸斯文之未喪，驚嘆之餘，亟編《燼餘書録》。詳記宋諱闕筆以定年代，更考刻工姓名以斷地域，付印行世。余遍覽前人目録，未有若此之精且確者，深喜得附驥焉，故不辭而爲之序。丁丑初夏常熟瞿啓甲。

附録二　涵芬樓燼餘典籍部數、種數、册數及版本情況統計

張人鳳

涵芬樓燼餘典籍究竟有多少部，多少册，版本情況如何，説法不一。何炳松《商務印書館被燬紀略》稱「其中有五千餘册向寄存金城銀行庫中」（《上海商務印書館被燬記》，商務印書館二〇一六年五月版，第八十頁）。張元濟先生本人的説法也不盡一致。《涵芬樓燼餘書録・序》稱：「總計所存，凡宋刊九十三部，元刊八十九部，明刊一百五十六部，鈔校本一百九十二部，稿本十七部。」一九三三年三月十七日致傅增湘信中稱：「涵芬善本寄存金城銀行庫中及臨時取出者，宋本凡九十二種，元本百〇五種，明本同校本八十一中，抄本百四十七種，稿本十種，總共五千餘册。」（《張元濟全集》第三卷，第三百九十頁）同年六月二十二日致羅家倫信中又稱：「事前取出寄存銀行者僅五千三百餘册」（《張元濟全集》第二卷，第四百七十六頁）等等。

現據《涵芬樓燼餘書録》目録頁内有關資料作一統計，列爲左表，供讀者參考：

部類	部數	種數	册數	版本(部)									
				五代刊本	宋刊本	金刊本	蒙古刊本	元刊本	明刊本	清刊本	抄校本	稿本	年代不明
經部	80	66	639		14		1	20	22	6	14	3	
史部	131	108	2 443		28		1	19	26	3	43	10	1
子部	120	114	1 177	1	19	1		21	34	1	42	1	
集部	207	186	2 063		21			27	74	3	79	3	
合計	538	474	6 322	1	82	1	2	87	156	13	178	17	1

附録三　影印《涵芬樓燼餘書録》稿本前言

陳先行

1932年「一・二八事變」爆發，上海商務印書館東方圖書館連同存藏大批古籍善本的涵芬樓，盡燬於日寇侵略戰火之中，積蓄二十多年的近五十萬册圖書頃刻之間化爲灰燼。這場近代藏書史上駭人聽聞的浩劫，猶如刀絞吾國人心，留下難以撫平的創傷。不幸之中尚感萬幸的是，由於張菊生元濟先生的遠見卓識，於兵燹早有防範之心，先事將涵芬樓中最可珍貴之善本移存上海金城銀行保管庫，方使其免遭滅頂之灾。《涵芬樓燼餘書録》（以下簡稱《涵録》），就是張菊老於事變之後經年編撰，介紹該批幸存善本的一部版本目録力作，於1951年由上海商務印書館排印出版。菊老自序謂「題曰『燼餘』，所以志痛」者也；顧廷龍先生後序稱，發表《涵録》，「不僅燼餘之書有一詳細之紀載，亦且示舉世毋忘日寇之暴行，更惕勵後人作勿替之愛護也」。距離「一・二八事變」八十五年後的今天，上海圖書館與商務印書館合作影印出版這部過往鮮爲人所關注的《涵録》稿本，固然出於對商務印書館創辦一百二十週年、張菊老誕辰一百五十週年之紀念，亦是以告誡世人銘記歷史爲首要出發點。而藉此機會對《涵録》及其版本所展開的討論，則攸關版本學的傳承、發展以及古籍保護，同樣具有積極的現實意義。

一、「燼餘書」反映張元濟的「善本」觀

涵芬樓是商務印書館專藏古籍善本之處。據《涵録》排印本所附《涵芬樓原存善本草目》之著録，以及張菊老自序所稱該目録漏略「猶千有七百餘種」推算，樓中原藏善本至少有三四千部（尚不包括大批地方誌），皆由菊老耗心費力訪得，大多出自會稽徐氏鎔經鑄史齋、北京清宗室盛氏意園、廣東豐順丁氏持静齋、太倉顧氏謏聞齋、烏程蔣氏密韵樓，以及溷陽端氏、江陰繆氏、巴陵方氏、荆州田氏、南海孔氏、海寧孫氏等清末民初著名藏書之家，可謂流傳有緒，富甲東南。何爲「善本」，菊老未下過明確的定義，但對入貯涵芬樓之善本，其自序概括爲「宋元明舊刊暨鈔校本名人手稿及其未刊者」。而移存金城銀行之書，又係從涵芬樓所藏善本中遴選者，遴選應當有其標準，但菊老亦未曾作詳細的説明，僅言「擇其尤者」。何爲善本之尤，我們從這批「燼餘書」本身，大致能够看出端倪。《涵録》著録之善本總共547部，僅佔涵芬樓藏書十分之一强。其中宋刻本（含元修、元明遞

修本)90 部，影宋鈔本 22 部，金刻本 1 部，蒙古刻本 2 部，元刻本(含明修本)87 部，名家批校本 72 部，稿本 17 部，其餘多爲刊刻於萬曆前之稀見明本、明活字本以及經名家遞藏之明清舊鈔本〔一〕。據此可知，菊老以「宋元明舊刊暨鈔校本名人手稿及其未刊者」概括涵芬樓所藏之善本，其實也是他遴選移存金城銀行善本之標準。換言之，「燼餘書」而外，涵芬樓中的其餘善本縱有這般那樣的價值，多因相對遜色而未能入菊老法眼。他如遭焚燬的 2 600 餘種地方誌，其中明刻本逾 40 部，諸如嘉靖刻本《潼川州志》、《廉州府志》、《海寧縣誌》、《龍岩縣誌》，萬曆刻本《南皮縣誌》、《建陽縣誌》、《寶鷄縣誌》、《黄安初乘》等，時至今日皆已難尋踪跡； 菊老自序亦謂該批地方誌「其間珍貴之紀述，恐有比善本爲尤重者」，但它們最終並未被納入移存金城銀行之列(其餘清代以後的方誌實際上連涵芬樓都未得入)〔二〕。顯然，在菊老眼中，即便「善本」也有等第高下之區別，其衡量標準以歷史文物價值高低爲主。可以這樣理解，涵芬樓中的「燼餘書」屬一、二等善本，其餘則爲普通善本。

〔一〕宋元本之數量，與張元濟先生序文所言稍有出入。由於《北京圖書館善本書目》、《中國古籍善本書目》對《涵芬樓燼餘書録》之著録有所改動，宋元本的實際存量與此統計亦有所出入。

〔二〕該批地方誌詳見上海圖書館所藏民國排印本《涵芬樓志書目録》(索書號 512180)、鈔本《涵芬樓志書鈔目(在印本目録外者)》(索書號 568315)。張元濟先生未將明代稀見方誌移存金城銀行可能事出有因，或許想保持整批方誌面貌、不令其分散也未可知。

菊老的「善本」觀並非別出心裁，而是淵源有自。「善本」之名，元代之前已有，專指經過審慎校勘，文字準確無誤之寫本或印本〔一〕，屬於校勘學範疇，重在文獻價值。明代中期以降，「善本」的含義發生嬗變，即不僅具有文獻價值，而且具有文物價值的書本方稱善本，尤其重在文物價值。發生這種變化，有其歷史背景。在明代中期以前，人們從未視書籍爲文物，故書籍的自然損燬普遍尋常。例如唐五代以前的寫本，在今天看來件件可寶，但在宋代，雕版印刷興盛之後，寫本式微，舊寫本亦不受重視，若非清季敦煌遺書的發現，原有幸保存下來的唐五代以前寫本，甚至不如存世晉唐書畫的數量爲多。以往人們總認爲天灾、人禍（即兵燹與官方禁燬）是書籍損燬的主因，殊不知無時不刻發生的自然損燬其實更加嚴重。迨至明代中期以後則不然。在舊寫本瀕臨絶跡、人們早已視宋本爲兩宋及以前文獻的第一手資料的情況下，宋本也成了稀有之物。幾乎與官方、私家四處尋覓宋本大舉翻刻同

〔一〕如宋朱弁《曲洧舊聞》卷四有云：「宋次道家藏書，皆校讎三五遍，世之蓄書，以次道家爲善本。」又如宋江少虞《事實類苑》：「嘉祐四年，仁宗謂輔臣曰：《宋》、《齊》、《梁》、《陳》、《後魏》、《北齊》、《北周書》罕有善本，可委校官精加校勘。」再如元延祐六年(1319)陳良弼《通鑑紀事本末序》云：「節齋患嚴陵本字小且訛，於是精加讎校，易爲大字，刊版而家藏之，凡四千五百面，可謂爲天下之善本也。」

時，市場上出現作僞的宋本〔一〕，人們開始研究如何鑒定版本，版本學於是發端。製造假宋版的目的是爲了牟利，而從其商業現象的背後，透露出當時宋版已被視爲與疇昔尋常文獻不可同日而語的珍貴文物，人們競相收藏。由於存世宋版的面貌不一，價值亦各不相同，因此在鑒定版本真僞的前提下，評估宋版乃至其他版本的文物價值也隨之成爲熱門〔二〕。

〔一〕明高濂《遵生八箋・燕閒清賞箋》云：「近時作假宋板書者，神妙莫測。將新刻模宋板書，特抄微黄厚實竹紙，或用川中繭紙，或用糊扇方簾棉紙，或用孩兒白鹿紙，筒卷用槌細細敲過，名之曰刮，以墨浸去嗅味印成。或將新刻板中殘缺一二要處，或濕霉三五張，破碎重補；或改刻開卷一二序文年號；或貼過今人注刻名氏留空，另刻小印，將宋人姓氏扣填；兩頭角處或妝茅損，用砂石磨去一角，或作一二缺痕，以燈火燎去紙毛，仍用草煙燻黄，儼狀古人傷殘舊跡；或置蛀米櫃中，令蟲蝕作透漏蛀孔；或以鐵綫燒紅錘書本子，委曲成眼，一二轉折，種種與新不同。用紙裝襯，綾錦套殼，入手重實，光膩可觀，初非今書仿佛，以惑售者；或札伙囤，令人先聲，指爲故家某姓所遺。百計瞽人，莫可窺測，多混名家收藏者，當具真眼辨證。」

〔二〕胡應麟《經籍會通》曰：「凡書之值之等差，視其本，視其刻，視其紙，視其裝，視其刷，視其緩急，視其有無。本視其抄、刻，抄視其訛正、刻視其精粗；紙視其美惡；裝視其工拙；印視其初終；緩急視其時，又視其用；遠近視其代，又視其方。合此七者參伍而錯綜之，天下之書之值之等定矣。凡本，刻者十不當鈔一，鈔者十不當宋一，三者之中自相較，則又以精粗久近、紙之美惡、用之緩急爲差。凡刻，閩中十不當越中七，越中七不當吴中五，吴中五不當燕中三，以此地論，即吴、越、閩書之至燕者，非燕中刻也。燕中三不當内府一。五者之中自相較，則又以其紙、其印、其裝爲差。凡印，有朱者，有墨者，有靛者、有雙印者、有單印者，雙印與朱，必貴重用之。凡版漶滅，則以初印之本爲優。凡裝，有綾者、有錦者、有絹者，有護以函者，有標以號者。吴裝最善，他處無及焉。閩多不裝。有裝、印、紙、刻絶精而十不當凡本一者，則不適於用，或用而不適於時也。有摧殘斷裂而值倍於全者，有模糊漶滅而價增於善者，必代之所無與地之遠也。夫不適於時者遇，遇者重；不適於用而精焉，亦遇也。」

自是以後，書籍便具有文物與文獻價值的雙重屬性，「物以稀爲貴」，不再只是古董家的理念，也成爲藏書家們的共識。隨着版本學的發展，不特宋元舊本，未刊或已刊稿本（稿本在明代中期以前與宋元本一樣未被刻意收藏，《中國古籍善本書目》著録的稿本，幾乎都是明季以後産生與保存者便是明證）、未刊或綿延古本一綫之傳的明清鈔本、清代名家的批校本等，凡屬獨一無二或流傳稀見之本，皆相繼被人們奉爲善本而受到呵護珍藏，「善本」遂成爲版本學的專門名詞，並於清初催生出第一部私家善本目録《讀書敏求記》。到了清乾隆時代，更出現了第一部官修善本目録《天禄琳琅書目》，除較以往更精於鑒定考訂版本者外，其所著録之内殿庋藏宋元明本，每册前後皆鈐有「乾隆御覽之寶」、「天禄琳琅」二璽，以示珍貴；不僅如此，還用不同材質的函套裝潢，以區别宋金版及影宋鈔、元版、明版之不同等第〔一〕。這充分説明，生發於民間的版本學以及新的「善本」觀，已得到官方的認可與推行。其影響所及，不僅使公私藏書目録著録版本形成風氣，而且因前所未有地崇尚善本，致使後來的公私版本目録多爲善本目録。此種現象的産生，歸根到底，是人們對書籍價值

〔一〕《天禄琳琅書目·凡例》有云：「其宋、金版及影宋鈔，皆函以錦，元版以藍色綈，明版以褐色綈，用示差等。」

再認識的結果。可以説，我國古籍尤其是善本，長期以來受到由民間至官方的高度重視與保護，是從人們普遍認識到書籍具有文物屬性、進而改變「善本」觀才真正開始的。

由此可見，菊老的「善本」觀，與明末清初以來的版本學家們的理念是一脈相承的。總體而言，「燼餘書」客觀反映了將文物價值放在首位的擇善標準，其能够幸存，洵非偶然。由於協助菊老整理《涵録》的顧廷龍先生後來執掌上海圖書館，這種「善本」觀也在上圖得到了傳承與體現。上圖是最早將館藏善本定爲不同等級的公共圖書館，其擇善本之尤者分别定爲一級、二級藏品，其餘爲普通善本，與菊老選擇涵芬樓善本移存金城銀行的標準基本相符。

《涵録》發表後越二十六年，政府發起編纂《中國古籍善本書目》（以下簡稱《善目》），有學者試圖對「善本」做出貌似全面的解讀，提出所謂「三性」，即歷史文物性、學術資料性與藝術代表性，「三性」並重，只要符合其中一、二性者便可稱爲善本。在當時形勢下，雖無人公開對「三性」提出不同意見，但《善目》編委會爲便實際操作，製定了收録《善目》的九條標準[一]。明眼人不難看出，該九條標準的要旨依然是以稀爲貴，以少稱善。縱使强調學術資料性、青睞藝術代表性，只要流傳多，便不能入《善目》。即如被張之洞盛稱、《書目答問》爲學子所開列的乾嘉漢學家們的精校精注刻本，若無名家手書批校題跋，《善目》是不收的。因此，不論有意無意，「九條」與「三性」相牴牾是不争的事實。其實有史以來，人們從未忽略過書籍的文獻價值(包括所謂的學術性與藝術性)，版本學家們甚至比别人更爲重視，但若要選善本，主要遵循歷史文物性，其他兩性則是附庸。這樣做符合「物以稀爲貴」的規律，没有必要去改變，也改變不了。

[一] 據1977至1978年間頒行的《全國古籍善本書總目》收録範圍》，其九條收録標準爲：
一、元代及元代以前刻印、鈔寫的圖書(包括殘本與零頁)。
二、明代刻印、鈔寫的圖書(包括具有特殊價值的殘本與零頁)。但版本模糊而流傳尚多者不收。
三、清代乾隆及乾隆以前流傳較少的印本、鈔本。
四、太平天國及歷代農民革命政權所印行的圖書。
五、辛亥革命前，在學術研究上有獨到見解或有學派特點或集衆説較有系統的稿本以及流傳很少的刻本、鈔本。
六、辛亥革命前，反映某一時期、某一領域或某一事件資料方面的稿本及流傳很少的刻本、鈔本。
七、辛亥革命前的名人學者批校、題跋，或過録前人批校而有參考價值的印本、鈔本。
八、在印刷上能反映我國古代印刷技術發展，代表一定時期技術水平的各種活字印本、套印本，或有較精版畫的刻本。
九、明代印譜全收。清代的集古印譜、名家篆刻印譜的鈐印本，有特色或有親筆題記的收，一般不收。

二、以版本學發展的眼光看待《涵録》

《涵録》是一部藏書志體式的版本目録。欲評價《涵録》，首先對藏書志性質要有清楚的認識。以往有些治目録學者，每將《讀書敏求記》、《天禄琳琅書目》以及《涵録》等藏書志體式的版本目録，與宋代晁公武的《郡齋讀書志》、陳振孫的《直齋書録解題》等提要目録混爲一談，以爲彼此都旨在宣介藏書，從目録形式上看，兩者皆有解題；從解題涉及内容上看，也不無相同之處。但他們没有認識到，版本目録是明代中後期版本學問世以後的産物，版本學既以鑒定版本發端，作爲版本目録的藏書志，自然具有鮮明的版本學特徵，那就是鑒定版本真僞，區分版本源流與辨别版本優劣。這是藏書志與其他提要目録最根本的區别。而古籍目録真要達到章學誠所言「辨章學術，考鏡源流」的境地，除對古籍予以合理的類分、撰寫提要以闡述其學術源流之外，還應對版本予以準確的鑒定著録。如果版本的來龍去脈未明，文本的面貌不清，「辨章學術，考鏡源流」又從何談起。因此，重在鑒定考訂版本，是藏書志區别於其他提要目録的標誌，亦是衡量一部藏書志質量高低的重要依據。

對《涵録》鑒定考訂版本之成就，在許多研究者的著述中已有頗爲詳盡的介紹，無需贅言。但如果以版本學發展的眼光重新審視《涵録》，人們不禁會思考，相較《涵録》，當今之版本學，哪些尚且不如，哪些需要在其成就基礎上更上層樓？

《涵録》於鑒定版本有其鮮明特點，兹舉數端：

（一）前人鑒定版本、考訂版本源流，多注重「刻」，即該刻本是其書的原刻抑或翻刻。而《涵録》不僅重視「刻」，亦重視「本」，即這部涵芬樓藏本是該刻的初印本抑或後印本。若屬後印且有補版，則進而辨别孰爲原版，孰係補版。如宋紹熙刻本《禮記正義》（存二十八卷，即兩浙東路茶鹽司本，又稱黄唐本），《涵録》區分原版與補版的不同形制，詳列其各自刻工，辨析甚明。又如宋慶元刻本《春秋左傳正義》，《涵録》指出刻工姓名與黄唐本《禮記正義》大都相同，而亦分兩類：凡版心不記字數、有宋瑜等刻工名者，皆爲原版；版心兼記字數、有鄭埜等刻工名者，皆係補版，並特别强調，補版也非同出一時。從只注重「刻」到亦注重「本」，是版本學的進步。因爲古籍的傳播與利用，所憑藉依附的往往是某一具體的「本」，且不論宋元孤本，研究利用者只能惟其本是據，即使某「刻」存多部印本，各印本的面貌也未必皆同，若率爾將某一印本指代某刻，恐有盲人摸象之虞，故弄清「本」的面貌很重要。《涵録》辨識「本」之精到如此，不特前賢少有，即便後出之《中國版刻圖録》、《善目》也有所不及。如舊藏吴縣潘氏滂喜齋、今藏上海圖書館之宋江西刻本《王荆公唐百家詩選》，避諱至「構」字；原版單魚尾，補版則以雙魚尾居多，且版心上下或鎸有字數，與原版字體也有差異。原版刻工有高智廣、高智平、蔡侃、周彥、龔授、余山、彭師文、劉浩、劉正、虞仲、吴士明、蔡昭、黄明、楊才、劉仁等，其中高智廣、高智平、蔡侃又參與刊刻紹興二十二年(1152)撫州本《謝幼槃集》；補版刻工有余安、高安國、高安道、高安平、高文顯、周昂、李皋等，其中余安、高安國、高安道、高文顯於淳熙間(1174—1189)爲撫州公使庫雕刻《禮記注》、《春秋公羊經傳解詁》等書。據此，知該本雕版於紹興後期，修版於淳熙間，雕、修版皆在撫州。而《中國版刻圖録》於此並未能做出明確揭示；《善目》僅著録爲「宋紹興刻本」，也未注意修補版面貌。類此鑒定著録版本有缺陷者，今人須循《涵録》之道逐一加以彌補。

（二）《涵録》注重根據各時代、各地區版刻字體風格鑒定版本。如宋刻本《六臣註文選》解題有云：「是本無版刻時地，審其字體，當爲建陽刊刻；避寧宗諱，則必在慶元以後也。」又如明覆元刻本《禮經會元》解題云：「余嘗見元本，版式行款悉同，是本無覆刻序跋可考，審其槧法，當在有明正嘉之間。」再如明如隱堂刻本《洛陽伽藍記》解題云：「察其版刻，當在明代嘉隆之際。」這種鑒定方法舊時稱爲「觀風望氣」，端由長期鑒定版本實踐中積累經驗而得。出於各種原因，許多存世古籍版本無刊記、序跋等刻書依據，其刊刻時地，每賴「觀風望氣」作出判斷，此乃版本學家鑒定實力之體現，非紙上談兵者所能措手。孰料後來在編纂《善目》之時，「觀風望氣」遭受莫名其妙的批判，認爲其缺乏科學依據。由於《善目》是匯集各地相關人員共同編纂，水平既參差不齊，版本學理念亦各不相同。前輩專家爲顧全大局，不得不采取某種程度的忍讓與妥協。於是，有些明明可以憑「觀風望氣」定奪的版刻，如嘉靖、萬曆刻本，《善目》只能一律著録爲「明刻本」（若按照批判者的「理論」，即使定爲明刻本，似乎也無「科學依據」）。而《善目》施行的編排規則，凡有確切刊刻年代者排在前，否則列於後。於是出現嘉靖本置於萬曆本之後的荒謬情況。如上海圖書館藏清莫友芝跋明刻本《吴越春秋》十卷，視其字體風格，《善目》主事者不可能不辨其雕刻於嘉靖時代，但出於無奈，只能置之於萬曆十四年馮氏卧龍山房刻本之後。《善目》諸如此類的錯誤不少，亟待一批像菊老那樣具有「觀風望氣」本領者進行糾正。

（三）《涵録》於稿鈔本鑒定考訂甚精，此又爲菊老治版本學的一大亮點。如傅增湘校鈔本《巴西文集》，傅氏未曾注意該鈔本有作僞嫌疑，今人或有識其非鮑氏知不足齋鈔本而自詡爲新發現者，不知菊老早已指出「卷末鮑以文跋及知不足齋藏印均僞造」。令人殊感遺憾的是，《涵録》有些鑒定成果未能在《善目》中得到反映。如王引之稿本《周秦名字解故》，《涵録》解題曰：「是書已先刊成，引之復取刊本重加修訂，滿紙涂乙，無異初稿。」而《善目》則著録爲「清嘉慶刻本，清王引之訂補」。按書稿之形成，有初稿、修改稿、定稿三類，已刊印者未必是最終定稿，這在古籍中並不少見。而王引之適有一習慣，爲方便徵求意見，每將初稿先行付梓分送師友，俟匯聚各家意見之後，在刻本上再事修改，《周秦名字解故》如是，上海圖書館所藏《經義述聞》稿本亦如是。因此，凡作者修改自己的著作，無論修改於寫本或印本，都應視爲修改稿本。就揭示版本性質特點而言，當以《涵録》爲勝。又如明影宋鈔本《麟臺故事》殘存三卷，有明錢穀題記、清黄丕烈題跋，《善目》著録爲「明鈔本」，不以「影宋鈔」爲然。按此爲今存宋本系統最早傳本，與武英殿聚珍版輯佚《永樂大典》五卷本系統頗相出入，黄氏考之稍簡，菊老辨之爲詳。黄氏與菊老皆定此爲影宋鈔本，自有道理。蓋影鈔本之出現，與明正嘉間仿宋刻本同時，雖早期影鈔本或不若後來毛氏汲古閣影鈔本那麽講究（如不影抄版格、刻工，鈔寫或不似毛抄精美），但如果以爲影鈔本自汲古閣毛氏始，或只有毛鈔才能算影鈔本，顯然缺乏認知，因爲在毛扆《汲古閣珍藏秘本書目》中，就已特意著録自家鈔本之前的影鈔本，以示與其他鈔本之區別。故《善目》之版本著録將「影宋」兩字删去，有欠妥當。再如清袁氏五硯樓舊藏鈔本《昭德先生郡齋讀書志》，經袁廷檮、顧廣圻、黄丕烈、李富孫、汪士鐘等校勘題跋，《涵録》通過考訂，指出此乃嘉慶二十四年（1819）汪氏藝芸書舍刊刻該書之底本。而《善目》既忽略之，又因不當之編排體例(刻本在前,鈔本列後),將此鈔本置於汪氏刻本之後,版本源流盡失矣。

誠然,《涵録》於鑒定版本也有未到之處。譬如將怡府舊藏之《新編方輿勝覽》定爲宋本,其實爲元翻本; 將兩部《大廣益會玉篇》皆定爲元延祐刻本,實際前一部刻於明初,後一部刊刻更晚,等等。《北京圖書館善本書目》及《善目》,對《涵録》有關版本著録曾作過改正,但也有失辨者,如對前一部《大廣益會玉篇》仍著録爲元刻本。所有問題的存在,主要由兩方面因素造成。其一,囿於客觀條件,無法作相關版本比對。不僅《涵録》,前人編製古籍版本目録,往往只能以自己的藏書與別家的目録(包括藏書志、題跋記)進行校核,而無法將包括別家在内原書版本作同案比對,甚至連別家的書影都難以見到,這種狀況直至編纂《善目》也未獲根本改變,故前人所定版本出現偏差難以避免。其二,也因爲受歷史條件的制約,過去前輩們的版本學研究雖成就卓著,畢竟有所局限。譬如對宋末元初、元末明初之間的版刻,對明初至明中期福建地區的版刻,未及做全面系統的整理與比較研究,故於相關版本的鑒定,或未能客觀準確。凡此,正需要我們努力利用當今檢書閱本無比便利的條件加以研究解決。

《涵録》的精彩過人之處,還體現在别具一格的編撰方法,值得今人借鑒。其采用四庫分類編排；　著録書名、卷數、版本、册數、名家批校及舊藏信息；　解題包括描述版式行款，備録刻工姓名、避諱字及藏書印等。　遇有版本等問題的考證需要，或鈔録前人題跋，或詳撰校勘記予以説明。　表面看來，這些都是過往藏書志的常見編例，《涵録》只是有所側重而已，似無新鮮發明之處。　但落實到逐種書解題之撰寫，《涵録》顯示出自己的特點。　它没有僵化的固定體例與模式，博採前人之長而不拘泥於成法，因書制宜，靈活運用，要皆圍繞考訂版本、揭示版本特徵之需求展開。　譬如：

與前人提要目録或藏書志截然不同，《涵録》於著者爵里大多不作介紹，偶有涉及，亦僅三言兩語；　若他人題跋中已涉及説明，則惜墨如金，不再多書一字。　而於名不見經傳者，只要此人值得關注，即使是藏書之家或批校題跋者，也一應介紹，甚或其生平事跡係請教別人而得。　如明鈔本《三朝北盟會編》，曾經常熟藏書家張承焕收藏，菊老既録張氏爵里，復注明由瞿鳳起先生提供。　其不落俗套者如此。

《涵録》或有鈔録原書序跋者，但絶非如《愛日精廬藏書志》那樣，不管有用無用，一律鈔録，而是僅限於稀見的稿鈔本，欲使讀者全面瞭解著書旨意與版本面貌。　如吴曝《左司筆記》，入《四庫存目》者爲二十卷本，而《涵録》著録者爲吴氏手稿本，僅存疆域、户口、田地附屯田三卷，其他未載，菊老疑該書當時分别屬稿，故録其原序以備檢覽。

《涵録》於著録或鈔録手書題跋，同樣有所選擇。有些無關版本宏旨之題跋，其不但不録文，且或有不予以著録者。而對能於版本辨析清楚、無須再作説明之題跋，甚至包括過録題跋，則不計長短，皆備録無遺。如劉喜海手稿本《金石苑》，鈔録王國維一千一百餘字手書長跋；袁氏五硯樓舊藏鈔本《昭德先生郡齋讀書志》，鈔録黄丕烈過録錢大昕題跋；吴雲舊藏鈔本《庶齋老學叢談》，菊老甚至於該本未置一詞，除厲鶚、黄丕烈題跋外，連佚名過録之林佶題跋（《善目》未著録）也一併鈔録。

《涵録》撰寫之時，雖可供參考之版本目録已頗夥，但《涵録》凡所提及别家收藏之本，皆直接與考訂涵芬樓藏本相關，而不會盲目徑據各家目録悉數羅列看似著録相同的版本。如前所言，菊老十分重視「本」的面貌，若非經眼，豈能輕言同異。

此外，《涵録》亦偶記版本流轉之掌故，趣味盎然。如明刻本《詩經疏義》，講述該本如何由瞿入丁。其云：「是爲鐵琴銅劍樓所藏。聞諸瞿氏後人，丁禹生（日昌）撫蘇時，揚言將往常熟觀瞿氏藏書。瞿氏亟檢藏目中如干種以獻。丁納之，始不果往。是書在焉。越數十年而入於涵芬樓。瞿氏藏印尚存，其後人亦識爲故物。」讀來頗覺有「黄（丕烈）跋」韵致。

毫無疑問，《涵録》是一部極爲出色的藏書志，在版本學史上具有不可磨滅的地位。

由於其所著録之書於1953年整體捐公而入藏北京圖書館（今國家圖書館），從某種意義上説，《涵録》可被視爲新中國成立後發表的第一部公藏書志。當今大陸正興編撰公藏書志之風，以期將古籍保護工作引向深入，但有關方面討論來研究去，幾乎没有提出以《涵録》爲典型者，爲可惜耳。當然，欲使《涵録》能與時俱進，充分發揮其學術借鑒作用，竊以爲不妨對《涵録》作某些修訂或箋注。如可將其與《北京圖書館善本書目》、《善目》相較出入，遇後者糾正《涵録》之訛，或屬後者本身之誤，皆分别注明並述其原委；或有分歧難以判斷而暫時存疑者，也應作如實反映，以俟將來。又如《涵録》原未注明其藏本的直接來源〔一〕，不能瞭解整個遞藏源流，也不便後人考訂版本；而《北京圖書館善本書目》對各私家捐贈之書分别注明，唯獨於涵芬樓之書缺如，亦不便檢核、研究涵芬樓燼餘之書，倘若皆能補所未備，則善莫大焉。此項工作務實多益，富有學術内涵，企盼有朝一日能够施行。

〔一〕譬如涵芬樓收得蔣氏密韵樓藏書後，張元濟先生編有《涵芬樓所收蔣氏密均樓藏書目録》稿本一册（今藏上海圖書館，索書號T41606），計宋本70部（經12、史28、子15、集15），元本78部（經15、史23、子16、集24），鈔本449部（經43、史146、子113、集147），校本142部（經33、史50、子14、集45），明刊757部（經59、史253、子217、集228），雜品10部（經1、史4、子2、集3），稿本33部（經14、史12、子7），共1539部。而547部「燼餘書」中，哪些爲密韵樓舊藏，《涵芬樓燼餘書録》却未加注明，甚至蔣氏藏書印也未著録，旁人只能用《涵芬樓所收蔣氏密均樓藏書目録》與《涵芬樓燼餘書録》校核，或能窺其究竟，但頗費周章。而欲調查來自其他各家舊藏，更恐非檢閲原書不能辨矣。

三、《涵録》稿本的價值

此番影印的《涵録》稿本，並非菊老原始手稿，而是在經過整理的打字油印本上，菊老再事修改，最終以此發排付印的稿本。爲便四方徵求意見，打字本曾油印多部（與王引之采用之法類似）。此稿本至少由兩部油印本配成，凡十册，紙捻毛裝，第一、第二册爲經部，第三、第四册爲史部，第五、第六册爲子部，第七至十册爲集部。第一、四、五、六册書皮上之書名係顧廷龍先生題署，其餘六册書皮有菊老「發排」、「可以發排」之親筆簽署，十册皆經菊老統一修改（包括版式、標點），首册存有顧廷龍先生爲排印本手書篆文「涵芬樓燼餘書録」、「上海商務印書館藏版」真跡二紙。

該稿本從上海私立合衆圖書館到上海歷史文獻圖書館乃至最終入藏上海圖書館，六十餘年來，幾乎無人借閲，連研究版本學者也少有問津，人們研究《涵録》，一依排印本爲憑。然而，與許多已刻印的稿本一樣，該本自有其不可忽略的價值，主要反映在兩個方面：

（一）稿本保留成書過程的原始面貌，與印本參互比較，可彌補僅以印本研究《涵録》之不足。譬如：

1. 印本除校改稿本打字時發生的訛字外[一]，還於版本著録糾正稿本之誤者，如明新安汪士賢校刻《阮嗣宗集》乃萬曆天啓間汪氏輯刻《漢魏諸名家集》之零種，稿本著録爲嘉靖刻本者未妥，印本改爲萬曆刻本者是也。但也有稿本不誤而印本修改失當者，如《芥子園重鐫三種曲》六卷附《北曲譜》十二卷（印本作《芥子園重鐫范氏三種曲》），稿本著録爲崇禎刻本，印本改爲康熙刻本，《善目》則作「明末刻清初芥子園印本」，則稿本所定刊刻時代不誤也。

2. 稿本著録刻工名，或有用括號者，以示與前者爲同一人而免生歧義。如宋撫州刻本《周易》，稿本著録刻工朱諒（朱京）、詹奐（占焕）。而印本將括號除去，純按客觀著録。作此極微小的改動，至少可以保證不犯錯誤，却不經意將菊老所做的判斷及其治學風格掩去，若無稿本存在，世人哪得知印本失却的精彩。

3. 印本著録鈐印或有漏略者。如元刻本《書集傳》，印本失録「墨妙樓」、「額爾登氏」二印；明世德堂本《南華真經》，印本失録「葉氏菉竹堂藏書」一印；翁方綱舊藏明陸時雍刻本《楚辭榷》，印本失録「竹契」、「覃溪審定」二印；孫星衍、郁松年遞藏明嘉靖刻本

[一] 如首篇元刻本《周易鄭康成注》解題，稿本「據拾之老」之「據」，印本改爲「捃」；又如明刻本《博雅》解題，稿本「兩窗」，印本糾正爲「雨窗」；等等，請讀者閲覽稿本時注意。

《重校鶴山先生大全文集》，印本失録「臣星衍」、「孫伯淵」、「泰峯」諸印。

4. 或有稿本删而印本保留者。如元刻殘本《楚辭後語》，因僅有行款之簡單著録，尚未及作版本考訂並撰寫解題，菊老原已删去，而印本仍予以保留，或許是出於保存「燼餘書」整體面貌的緣故。又如五代刻本《妙法蓮華經》八卷[一]，舊爲袁克文之物，姚朋圖題跋稱該本係五代初年活字版印，菊老以爲不經，考慮再三，最終决定删去姚跋（見天頭朱墨筆删改留痕），但印本却作保留，未悉何因。

5. 《涵録》得以發表，顧廷龍先生協助整理之功不可或没。其餘曾貢獻意見者應當不少，惜未見諸記載。印本中僅出現瞿鳳起先生之名，而檢覽稿本，至少知道冒廣生先生也改過稿子。如影宋鈔本《春秋繁露》，稿本眉上有菊老批語：「原稿有誤，經鶴亭爲之指正改定。此稿惟末節未用鶴亭之言。」

（二）菊老在修改過程中删去衆多版本信息，稿本雖經勾乙，尚保留原貌，印本則盪然無存矣。包括：

1. 有已撰校勘記復删去者。如汪啓淑舊藏宋刻本《禮記要義》，菊老曾將宋本與江

[一] 此本未見《中國古籍善本書目》著録，疑《涵芬樓燼餘書録》著録有誤。

蘇書局本對校，異同有近百處；成化刻本《張文獻公集》，因與《四部叢刊》影印底本南海潘氏藏本分卷不同，編次有異，菊老曾校列其異同；宋刻本《元微之文集》，僅與明本校首二卷，便揭示異同及明本訛誤者近九十處。

2. 有詳列避諱字復删去者。如宋紹興刻本《後漢書》，所有避諱字悉數注出，因打字不能反映缺筆面貌，還特地重以墨筆書寫。

3. 有已録名家題記復删去者。如毛氏汲古閣刻本《説文解字》，原選録孫星衍、顧廣圻校勘題記數十條；汪刻《説文繫傳》，原録陳鱣多條校識；鮑廷博校鈔本《三朝北盟會編》，原録鮑氏題記五十餘條。

凡所删削者，於考訂版本皆有價值，意者菊老恐排印本篇帙過繁，不得不割愛也。所幸稿本尚在，讀者猶可利用，庶幾其心血未白費也。

最後需要作如下影印出版説明：

（一）稿本未存菊老自序與顧廷龍先生後序原稿，兹據排印本補入。

（二）稿本原無目録，而排印本之目録或有與稿本面目不符者，兹據稿本新編目録，不作任何更改。譬如宋刻元明遞修本《宋書》、《南齊書》、《梁書》、《陳書》、《魏書》、《北齊書》、《周書》，因舊稱「眉山七史」，印本歸列於《蜀大字本七史》之下，以叢編形式著録，而稿本無此名目，今依稿本逐種著録。

（三）經部第二册所缺第十七至廿七葉，係覆通志堂本《經典釋文》一篇，菊老題云「抽去十一葉，要大改」，但修改發排之後，未及將修改稿裝訂還原，兹用排印本補其所缺，惜稿本修改面貌不獲見矣。

2017年8月撰於上海圖書館

附録四　張元濟與《涵芬樓燼餘書録》

沈　津

在中國的書志學、版本學的各種圖書中，張元濟的《涵芬樓燼餘書録》及《寶禮堂宋本書録》是兩部非常重要的不可忽視的著作。本文的寫作，就《涵芬樓燼餘書録》（以下簡稱《書録》）的來龍去脈作一概述，並以此來紀念張先生誕辰一百五十週年。

涵芬樓藏書之初期

清光緒二十三年（1897），商務印書館創立於上海，數十年後，它已成爲近代中國最爲重要並具多方面影響力的出版機構，它對中國近代文化史上的貢獻，是口碑載道、不容置疑的。

張元濟，字筱齋，號菊生，浙江海鹽人。清末爲總理各國衙門章京，創辦通藝學堂，參加維新運動。任上海南洋公學譯書院院長。1902 年入商務印書館，任商務印書館編譯所所長、經理、監理、董事長，主持館務達五十餘年。1949年後，爲第一、二屆全國人大代表，上海市文史館館長。著有《校史隨筆》、《張元濟詩文》、《張元濟書札》等。

1903年，張先生應邀出任商務印書館編譯所所長，次年即籌建編譯所圖書資料室。張先生《燼餘書録序》云：「乃於編譯所前，寶山路左，置地十餘畝，構築層樓，而東方圖書館以成，舉所常用之書實之館中，以供衆覽。區所收宋元明舊刊暨鈔校本前人著述未刊之稿爲善本，别闢數楹以貯之，顔曰『涵芬樓』。」有記載云：1909年張委托孫毓修爲資料室命名，孫原擬名爲「涉園」，但張以爲不妥，此可見11月15日張先生致孫毓修書，云：「奉示敬悉。藏書室别定一名，並備異日印行古書之揭櫫，用意甚善。惟以公衆之物，而參以私家之號，究屬不妥，還祈别選一名爲宜。」後孫擬名爲「涵芬」，這在孫毓修《起居記》(1909年12月29日)中即有「在涵芬樓所得之書爲……」的記載，可見那時編譯所圖書室已用「涵芬樓」之名了。「涵芬」一詞，不見前人所用，按「涵」有包容及沉浸之意，「芬」有香氣及衆多意。

自古無聚而不散之物，聚固我幸，散亦理之常。故自來收藏家鮮有百年長守之局，近代如咸豐、同治之時，猶止百數十年，而烟雲幻滅。如陸心源(潛園)皕宋樓者，正已不少。胡樸安爲《測海樓舊本書目》題詞有云：「圖書聚散尋常事，楚得楚亡未足憂。最是傷心惟皕宋，大江混混向東流。」然而盡管如此，張元濟却認爲斯文未絶，吾道不孤，必且有盡發名山，以光盛世之一日。涵芬樓的早期藏書來源多爲會稽徐氏熔經鑄史齋、長洲蔣氏秦漢十印齋、太倉顧氏謏聞齋、清宗室盛氏意園、豐順丁氏持静齋、浭陽端方寶華齋、巴陵方功惠碧琳琅館、南海孔廣陶三十三萬卷樓、江陰繆氏藝風堂等家。

張先生在中年時，每次去北京，必定捆載各種古籍而歸，其中不乏善本。至於估人持書叩門求售，苟未有者，輒留之。《校史隨筆》是張先生的古籍校勘學專著，由傅增湘作序，序云：「招延同志，馳書四出，又復舟車遠邁，周歷江海大都，北上燕京，東抵日本，所至官私庫藏，列肆冷攤，靡不恣意覽閲。耳聞目見，借記於册，海内故家，聞風景附，咸出篋藏，祝成盛舉。」這就是當年張先生蒐集圖書的真實寫照。商務印書館同人曹嚴冰也有回憶：「1918—1936年間，幾乎每天下午五時左右，總有兩三個舊書店的外勤人員，帶着大包小包的書，在商務印書館發行所二樓美術櫃前等候張先生閲看。對一些值得重視的本子，他都仔細翻閲，或帶回家去精心查覈。」

費力多多，必有所獲。涵芬樓所蒐書籍中頗多重要藏書家的藏本，如寧波范氏天一閣、崑山徐乾學傳是樓、常熟毛氏汲古閣、錢氏述古堂、張氏愛日精廬、秀水朱氏曝書亭、歙縣鮑氏知不足齋、吴縣黄氏士禮居、長洲汪氏藝芸書舍及泰興延令季氏、烏程蔣氏傳書堂。

1927年3月21日，上海工人第三次武裝起義爆發，商務印書館工人糾察隊400餘人參加戰鬥，起義總指揮部先設在商務印書館職工醫院（療病房）內。東方圖書館一度被軍閥畢庶澄部某排佔據，工人糾察隊采用圍攻和宣傳攻勢，次日守敵部分潛逃被俘，東方圖書館回到工人糾察隊手中，此後成爲上海總工會工人糾察隊總指揮部。

所謂「秀才遇到兵，有理説不清」。在這樣的緊張形勢下，張先生非常擔憂這些承載中國傳統文化的古籍圖書的命運，爲了保護好這批費盡辛苦而蒐集到的先民撰述，他在涵芬樓所藏衆多善本中又遴選出五百餘種「好書」，五千三百餘册，存放於租界的金城銀行地下保險庫內。張先生序《書録》中又云：「北伐軍起，訛言日至。東方圖書館距車站才數百武，慮有不測，又簡善本之精者，寄存於舊租界金城銀行。」是年3月24日，張致傅增湘信中有「此次閘北極危險，幸無恙。所借三種及公司好書租放租界銀行地庫中」。4月23日，張致傅信又云：「涵芬樓善本，多半已移存租界銀行公庫地庫內，檢尋甚不易，其存放工廠保險庫者尤爲混亂，需用影元本《陵川集》恐稍需時日，方能檢寄。」

金城銀行於1917年成立，歷經北洋政府、南京政府及汪僞政權等不同時期，這家起步於天津的私營銀行一直堅持「審慎之中力求急進」的經營方針，始終沒有發生大的危機，在民國年間居舊中國私營商業銀行之首。「金城」之名出自《漢書・蒯通傳》：「金城湯池，不可攻也。」1924年，「金城」在上海江西路東側上海公共租界工部局大厦對面興建大樓，1936年後，此處成爲金城銀行總行。1956年，這座建築改爲上海市青年宫，後又爲江西中路200號招待所，今爲交通銀行上海分行所在地。

涵芬樓藏書的被燬

商務印書館涵芬樓的被燬，是在1932年1月28日，日本海軍陸戰隊及武裝僑民沿北四川路而進，在鐵甲車引導下，企圖越過北河南路底華界處大門。駐閘北我十九路軍將士奮力抵抗。次日清晨，日軍飛機多架由黄浦江中航空母艦起飛，向閘北空際盤旋示威。七時許天大明，實施轟炸。十時半，日機接連向寶山路商務印書館總館投彈六枚，全廠皆火，焚餘紙灰飛達十數里外。是日下午三時許，全廠盡燬。

2月1日，日本浪人又闖入東方圖書館縱火，「晨八時許，東方圖書館及編譯所又復起火。頓時火勢燎原，紙灰飛揚，烟火衝天，遥望可見。直至傍晚，此巍峨璀璨之五層大樓方焚燬一空」(《上海商務印書館被燬記》第16頁)。至此，張先生精心收集庋藏的大批珍本古籍與其他中外圖書計四十餘萬册，高棟連雲，一夕化爲灰燼。時紙片隨大火衝天而起，飄滿上海天空，有的被東北大風吹向滬西地區，飄落到極司菲爾路先生寓所花園。張先生面對滿天紙灰，悲憤異常，對夫人嘆曰：「工廠機器、設備都可重修，唯獨我數十年辛勤蒐集所得的幾十萬册書籍，今日燬於敵人炮火，是無從復得，從此在地球上消失了。」「這也可算是我的罪過。如果我不將這五十多萬册蒐購起來，集中保存在圖書館中，讓它仍散存在全國各地，豈不可避免這場浩劫！」〔一〕

2月5日，商務印書館編譯所同人爲東方圖書館被日寇炸燬發表宣言，云：「夫東方圖書館已有三十五載之歷史，其收藏之富，在遠東尤爲罕見，圖書總額在六十萬册以上。其中中國書籍，尤爲珍秘難得，有中國最古之南北宋版本圖書百餘種，有木刻之重要著名書本二萬餘册，所藏中國省府縣誌，爲中國最大之史地書庫，至元明清之精刻書本重要者，更難屈指以數；又歐文書籍，歷年亦設備甚多，足與著名之馬利遜文庫相匹敵，此包羅重要文獻、珍貴無比之寶藏，今乃無故被燬於日機狂暴轟炸之下，此種人類文化之損失，寧有恢復之可能？」〔二〕

也是在這一天，張先生在覆吴其信的信中述及東方圖書館被燬情況，云：「事前運出

〔一〕張樹年：《我與商務印書館》，見商務印書館編：《商務印書館九十五年》，商務印書館，1992年，第290頁。

〔二〕張人鳳、柳和城編：《張元濟年譜長編》（下册），上海交通大學出版社，2011年，第891頁。

者爲數極少，中外圖書約得五十萬册，其他精校名鈔，總有二三萬册，全國方誌約三千種，其中明誌亦在百種以上。一刹那間化爲灰燼，絳雲之後，可爲巨劫。蒙以重聚相勖，非特無此資材，即歲月亦不我與，其何以副我故人之望耶！」[一]3月17日，張先生致傅增湘信有云：「《太平御覽》、《册府元龜》、黄善夫《史記》底片據報均已事前携出，然弟尚未見。至初印樣本則已均化劫灰矣。《衲史》校本多存敝處，幸未失去，惟底版則盡已被焚。此固尚可重照，獨蜀本《周書》涵芬樓存有黄、白紙各一部，白紙本僅缺五卷，兩種印本精湛，與所謂邋遢本絶不相同，可謂海内孤本，正在照相，故盡被六丁攝去。日後重印此書，正不知如何着手，願兄有以教之。」

昔人謂奇書秘籍，在處有神物護持。故不幸中之萬幸的是存放於金城銀行的善本書毫髮無損，張先生《書録》序云：「金城銀行保管庫中之書部署甫竟，而倭寇遽至。『一·二八』鬨北之役遂肇興於此時，大難未臨，余何幸乃能爲思患之預防，不使此數十年辛勤所積之精華同歸於盡，可不謂天之所祐乎！」

4月16日，張先生致劉寶書信云：「東方圖書館成立數年，於社會教育不無裨益，今

[一]張人鳳、柳和城編：《張元濟年譜長編》（下册），上海交通大學出版社，2011年，第893頁。

亦盡付劫灰。宋元舊本事前僅携出五千餘册，即宋槧元刊兩類，已燬去三千餘册，恐此後不可復得，最爲可惜。」6月22日，張先生覆羅家倫信又云：「商務被燬，固屬可惜，最可痛者爲東方圖書館，五十萬本之圖書及涵芬樓所藏之古本（原存三萬五千餘册，事前取出寄存銀行者僅五千三百餘册）。此恐無復興之望，每一念及，爲之心痛。」據當時張元濟的記録，涵芬樓善本寄存金城銀行庫中及臨時取出者，凡宋本九十二種，元本百零五種，明本同校本八十一種，鈔本百四十七種，稿本十種，總共五千餘册。

涵芬樓燼餘之書擬編《書録》

事後，這批燼餘典籍於「一·二八」後仍暫存金城銀行保險庫中，張先生痛心涵芬樓數十年苦心孤詣的收藏在一夕之間的覆滅，深感於藏書「慮其聚久必散也」，即有將這些善本書編一燼存書目之念。但是，「編一目録」的念想，很快又被「撰寫解題」的計劃所代替。因爲編一目録所能體現的僅是一書之書名、卷數、作者、版本等，並不能鈎稽所遺善本之内涵。因此張先生乃有重寫《書録》之計劃，即將幸存善本逐書撰寫解題，期藉此留存各書詳目，恐日後如仍遭難，尚可尋其始末。

此説可見1932年3月28日，張先生致趙萬里信，云：「四年之前，曾檢取一二三千册寄存金城銀行庫中，其餘盡付一炬，言之痛心。現擬編一目録，留待後來紀念。」[一]次年4月18日張先生覆丁英桂信，云：「現編《涵芬樓燼餘書録》，尚未完畢。」「是月，續編《涵芬樓燼餘書録》。」[二]

顧廷龍《書録後序》云：「當先生初闢圖書館，以爲只便閲覽，未足以廣流傳。遂發願輯印善本，博訪周諮，采摭荆合，成《四部叢刊》、《百衲本廿四史》等。皇皇鉅編，嘉惠來學。先生嘗言：景印之事早十年，諸事未備，不可也；遲廿年，物力維艱，不能也。此何幸於文化銷沈之際，得網羅僅存之本，爲古人續命，而又何不幸於甄擇既定之本，尚未版行，乃嬴火横飛，多成灰燼，是真可爲長太息者也。館中藏弆，燬者什七八，存者什一二。然猶幸宋元精槧、名家鈔校，大都留遺。先生因編次爲《燼餘書録》，考訂詳明，於流略之學多有裨助。所燬善本原有目録，猶可考見。其中稿本鈔本，或竟未刊行，或刊傳未廣，或爲祖本，或有名校。如目中所載金亦陶手鈔元人詩，爲吾家俠君先生選元詩時所據底本，一綫之傳，實賴於斯，今亦絶跡人間。披覽存目，爲之慨然。」

[一] 張人鳳、柳和城編：《張元濟年譜長編》(下册)，上海交通大學出版社，2011年，第891頁。
[二] 同上書，第920頁。

現存《書録》之稿本

大凡作者寫一篇文章，都要經過起草、修改、定稿這一過程，甚至於數易其稿，更何況一部著作的完成，又傾注了作者多少心血。所以在寫作過程中，必定有數種不同程度的修改稿本出現。稿本中有初稿，包括作者的原稿、草稿，此可視爲作者親筆寫成的第一次稿子。筆者以爲《書録》之寫作，應該是在涵芬樓遭燬後不久的1932年4月始，即張先生致趙萬里信後，其時張六十六歲，而完成初稿的時間當在五年後的1937年5月初，張已七十一歲了。

目前我們所能看到的形成於20世紀30年代的《書録》稿本，藏於上海圖書館，計十册，毛裝，紙捻訂本。紅格十行，爲藍色或黑色複寫紙打字所印。也偶爾出現有黑格者，書口下印「涉園張氏鈔本」，此應是張先生自己家中所製。封面用牛皮紙舊信封廢物利用。内封之書名爲顧廷龍所題，篆書，背面「上海商務印書館藏版」，亦爲顧書。第一册書口間有「涵芬樓燼餘書録」並頁碼，審爲張元濟手書。鈐有「上海市歷史文獻圖書館藏」印。

我以爲此《書録》並非張先生的手稿本，即初稿，而是一部修改稿。此稿本作爲修改稿的依據，是當年商務印書館的辦公室秘書用打字機在複寫紙上打出來後，並由張先生及他人親筆修改，這也與將原稿交由他人謄清後再由作者等人親自修改的情況相同。當然，不可否認的是，當年用打字機在複寫紙上打出來的藍印（黑印）本，應該不止一份，但經張先生修改的當爲此份。

此稿本第一至二册爲經部，第三至四册爲史部，第五至六册爲子部，第七至十册爲集部。封面第一、四至六册爲顧廷龍題「涵芬樓燼餘書録」，第二至三册爲佚名題（毛筆），第七至十册爲另一佚名題（鋼筆）。又第二至三、七至十册的封面上有張先生書，分别爲第二册書「發排。張元濟 38／11／5。38／11／15」；第三册書「張元濟 38／11／6。覆校訖 38／11／7。發排 38／11／15」；第七册書「張元濟 26／5／12 覆校（硃筆）。38／11／11 又覆一過。可以發排。38／11／16 張元濟」；第八册書「張元濟 26／5／13 覆校（硃筆）。38／11／13 晚又覆一過。抽去一頁，移入史部。可以發排。張元濟 38／11／18」；第九册書「張元濟 26／5／13 覆閲一過（硃筆）。38／11／12 又覆過，抽出三頁。可以發排，38／11／18 張元濟」；第十册書「張元濟覆校 26／5／13（硃筆）。可以發排，張元濟 38／11／18」。

從張先生對稿本的審核覆校所寫下的時間，我們可以知道最早當在 1934 年 12 月 8

日，那時在宋刊殘本《周易要義》上批有「此書亦限於本月十六日出版，請與丁英桂先生接洽。張元濟」。（這個時間只出現一次，此應指《四部叢刊續編》收入《周易要義》事。）其他的時間是在1937年的5月12日至13日，也就是説，在20世紀30年代，張先生對此稿本修改完成的時間，應該是在此時。以後則是在12年之後的1949年11月5日至18日。

初稿完成前，張先生即委托鐵琴銅劍樓主人瞿啓甲爲《書録》撰序，瞿序完成於1937年5月。序云：「海鹽張菊生先生，手創涵芬樓附設於商務印書館……先生精於校讎，不愧家風……其影印《四部叢刊》、《續古逸叢書》、《百衲本二十四史》，復宋元舊刊本之本來面目，盡泄天地間之祕藏，其嘉惠士林，有功文化，不在黄、顧之下，豈僅抱殘守缺而已哉。壬申春，遭陽九百六之會，萬縑灰燼，學者異惜之。昔江左圖書厄於絳雲一炬，此則更有甚也。幸有六百餘種多孤行罕見之書，儲於金城銀行保管庫，得免於難，希世之珍尚在人間，亦足以自慰矣。菊生先生睹舊物之僅存，幸斯文之未喪，驚嘆之餘，亟編《燼餘書録》。詳記宋諱闕筆以定年代，更考刻工姓名以斷地域，付印於世。余遍覽前人目録，未有若此之精且確者。」[一]

[一] 仲偉行等編：《鐵琴銅劍樓研究文獻集》，上海古籍出版社，1997年，第144頁。

《書録》中張元濟等人的批改

稿本中張先生批改的手跡頗多，從字裏行間可以窺見他用力頗勤。無論是用幾號字體，還是鈐印的著録格式，都是細緻入微。

如第一册第一種爲元刊本《周易鄭康成注》不分卷，書眉上批有「書名用三號字，佔二行地，四號字」，「每一種至少佔半面，第二種即自後半面之第一行起。如第一種佔半面，又零二行或一行者，第二種即自第二頁第一行起」。

宋撫州刊本《周易》十卷，書眉上批有「圖章排六號，應否佔二行地位，主排工友酌之」，「圖章用五號、新五號、六號，就字之大小配合用之，如五號嫌大，全用亦可」，有的印章由於佔位多出一行，張批「第三印可用六號字」。

元刊本《書集傳》六卷，張批「木記各行文内不用直綫」。

在内容上，張先生也有改動。如影宋鈔本《春秋繁露》十七卷，書眉上張元濟批「原稿有誤，經鶴亭爲之指正改定，此稿惟末節未用鶴亭之言。張元濟 30／8／23」。按鶴亭，爲冒廣生。冒與張於 1898 年結識於北京，知交多年，相知有素，時冒氏校訂諸子，於《春秋繁露》已考定爲從宋本出，今日當推第一本。《春秋繁露》的另一部明刊本，張氏又批注云：「要大改。以下抽去一頁，隨後補發。約留兩面地位，可以够用。張元濟 38／11／14。」

汲古閣刊本《説文解字》十五卷，張批云：「提書看過，方能作定。」此乃針對《書録》第一句「吴縣雷浚重刊顧廣圻《説文辨疑叙》」而寫。

宋刊元明遞修本《宋書》一百卷，有「有嘉靖十年補版」、「此頁何以不排，詫異之至。張元濟 38／12／13」。

明嘉靖刊本《宋丞相崔清獻公全録》十卷，張批有「應移入史部」，「排在《皇明開國功臣略》後」，「此移。集部第八册移來，故彼册缺去」。

明嘉靖刊本《水經注》四十卷，又一部明嘉靖重鈔《大典》本。此篇書録，張元濟重擬並補充四百字，可見後來之定本。

明刊本《洛陽伽藍記》五卷，張元濟添加「察其版刻，當在明代嘉隆之際，原缺卷二第四、第九、第十八等葉，均鈔補，昔毛斧季獲見是刻，即已言之，世間藏本，無不皆然，蓋殘佚久矣」。

金刊本《經史證類大觀本草》，張批有「附字，用五號排在旁邊」。附字爲「附本草衍義」，「應查已(以)前排成各頁，以歸一律。張元濟 38／12／12」。

明鈔本《鶴山渠陽讀書雜鈔附經外雜鈔》不分卷，張批有「附用五號排在旁邊，附字或旁或中，應照以前排成者一律。張元濟 38／12／12」。

明嘉靖鈔本《永樂大典》，張批有「卷之一萬一千一百二十七至一萬一千一百三十四，凡八卷，爲上聲八賄韵中水字之《水經注》半部，已移入史部，餘均不全本，仍列入子部。如下。王雨樓先生。張元濟 38／11／21」。王雨樓，爲商務印書館排字印刷部門的主管人。

除張先生外，又有佚名者以行書硃筆作批注，如明刊本《沈隱侯集》四卷，佚名批「與張溥刊本編次不同，所收文字視張本少十餘首，然亦有爲張本所無者」。改爲「前有萬曆乙酉雲間張之象序，此已佚。沈氏昆季先刻《謝康樂集》，繼刻此集。其後新安程榮據是本覆刻，編次悉同，惟析四卷爲五卷。閩漳張燮、太倉張溥、滇南阮元聲遞有刻本，所收文字，略有增益，然亦有諸本所無者」。

又如蒙古刊本《史記》一百三十卷，批有：「目録後書名款式應查明。」「要排得合式，請工友及校對諸君費些心。」「打字人怎麽程度低到如此？可嘆！」

實際上，三四十年代商務印書館出版的各種綫裝本字體多是整齊劃一，《四部叢刊》、《百衲本二十四史》、《孤本元明雜劇》等大書時即是如此。别小看《書録》的排印本，從版框、行綫到字形的拼接、粗細寬窄，再到刷印墨色的濃淡，這種繁瑣細微的工作，有人或以爲無足輕重，但張先生却是嚴肅認真，於此也可見一斑。

《書録》初稿在1937年5月張先生審閱完成後，一直存放篋中，這之後的40年代初期，被利用過一次，那是因爲顧廷龍和潘景鄭爲編《明代版本圖録》，需向各私人收藏家及某些單位商借明代刊本以備攝影，涵芬樓燼餘書也在借攝之列。如1940年1月4日，顧廷龍專訪張先生，託借燼餘書五種。1941年10月3日，張先生在《明代版本圖録》原稿上改正數條後，並還之顧廷龍。是日，張又有信致顧，云：「涵芬樓藏書洪武本却有數種，建文本已不見，想燬去矣。永樂、宣德本亦間有數種可用。《燼餘書録》如需閲，候示檢呈。」[一]

次日，張先生又致顧廷龍信，除見假《書録》書稿，又云：「《涵芬樓燼餘書録》稿本十册呈上，乞察閲。館藏善本寄存金城銀行，原在平地室中，近因潮汛高漲，已移樓上。因逼窄，只能將書篋層累，且轉折亦無餘地，故取書較難。異日借影，如其本適在下層，恐難從速，合先陳明。」[二]顧廷龍認爲可借攝之本甚多，並託潘景鄭先選一過。

[一]張人鳳、柳和城編：《張元濟年譜長編》（下册），上海交通大學出版社，2011年，第1172頁。
[二]同上。

在顧廷龍的1941年10月5日的日記中，也有「閲《涵芬樓燼餘書録》」。10月6日，又有「閲《書録》，選出二十種，擬借來攝影」的記載。

顧廷龍參與《書録》的最後定稿工作

1939年，張先生已是七十三歲的老人了，他自己説「精力日衰，實有不逮」。1949年，他年逾八十有三，精力明顯衰憊，又因足有皸瘃之疾，步履不便，再加上葉景葵因心臟病突發去世，頗爲悲傷。在這種情況下，商務印書館老友及合衆圖書館董事李拔可催促張元濟，希望將藏於書篋的《書録》交付出版，但年底張先生在寧波同鄉會參加商務印書館工會成立大會上發表演講時，突發腦血栓跌倒，送醫院搶救，出版之事終因病中輟。由於顧廷龍對版本目録學的造詣，又曾參閲過《書録》，故李拔可也商請顧廷龍賡續完成此事。張先生《書録》序云：「稿成儲之篋中，未敢問世。館友李拔可敦促再四，前歲始付製版。工僅及半，余以病阻，事遂中輟。拔可復約顧子起潛賡續爲之。」

顧廷龍是張先生的晚輩，爲現代中國圖書館事業家、古籍版本目録學家，也是書法家。30年代畢業於上海持志大學，獲文學學士學位。再入北平燕京大學研究院國文系，獲文學碩士學位。在燕京大學圖書館時，專司采購之職，並任美國哈佛大學哈佛燕京圖書館駐平采訪處主任。1939 年 7 月至上海，參與創辦私立合衆圖書館，任總幹事、董事。1949 年後，歷任上海圖書館籌備委員會委員、上海市歷史文獻圖書館館長、上海圖書館館長。中國圖書館學會第一、二、三届副理事長，華東師範大學及復旦大學兼任教授。

爲什麽張先生要請顧廷龍幫忙「賡續爲之」？那是因爲二人之間的「緣」。張先生最早知道顧廷龍這個名字，是從潘博山、潘景鄭兄弟處瞭解到的，後來得到顧著《吴愙齋年譜》、《章氏四當齋書目》，表示「尤欽淵雅」。没多久，又讀到《燕京大學圖書館報》第 130 期中的《嘉靖本演繁露跋》，認爲顧文「糾訛正謬，攻錯攸資，且感且佩！」其時，葉景葵和張先生正籌劃在滬辦一圖書館事，所以他們認爲顧在燕京大學圖書館「研究有年，駕輕就熟，無與倫比」。而且張的好友章鈺、王同愈對顧的評價也極高，如王同愈對顧的評價是「内外孫輩中，惟足下與翼東最爲老人所心折，學業、志趣、品行三者公備，恐千萬人中不易一二覯也」。翼東，即顧翼東，無機化學家，中國科學院院士。所以，張對顧的學問、人品是很看重的，把《書録》交付於顧是明智的毅然之舉。

1950 年 1 月初，張先生由中美醫院轉至劍橋醫院，住院治療期間，顧廷龍多次去院探視。據顧的日記：

1 月 5 日，先生及林宰平至醫院探視張元濟，張已稍愈。

1月7日，先生探視張元濟，護士云：張思慮甚多，神經不能休息。

1月18日，仲木來言，父親於神志清明時，憶及《涵芬樓燼餘書録》始即未竣，屬請先生料理之。津按：仲木即張樹年，張元濟哲嗣。

1月19日，仲木出《書録》書稿至顧處。

1月21日，張元濟囑樹年約顧往見。樹年即訪顧告知。

1月22日，顧視張元濟疾，一晤，即以《書録》事相託，「已印若干，幾處需查，均尚省記。詢及瞿、王、潘藏書情形，神志甚清，諒可帶病延年矣」。

自一月下旬始，至三月，張元濟的身體時好時壞，有幾次顧去探張，張都「未見」，「視張元濟疾，見其神迷不省，可慮也」。直至6月13日，張元濟才「招顧廷龍來談」。6月13日，顧訪張，「暢談」。

據張樹年的回憶，顧廷龍「幾乎天天下午三四點鐘來我家，坐在先父病榻之側，討論書稿，他們將書稿重加核對後定稿」〔一〕。此外，張樹年在另一篇回憶中，也説「父親爲這批善本曾編目録初稿，但一直没有付梓，經李拔可先生一再催促並約請顧廷龍（起潛）先

〔一〕張樹年：《懷念起潛兄》，見上海圖書館編：《顧廷龍先生紀念文集》，上海科學技術文獻出版社，1999年，第26頁。

生協助。起潛兄幾乎每天來我家，在父親病榻旁研討如何整理、定稿」。

自1月19日，顧廷龍收到張樹年送到的《書録》後，次日即開始閲讀並校補。之後，時閲時停，直至八月及十月時間較爲集中，10月12日這一天，顧除重校《書録》校樣外，又訪張先生，以《經典釋文》提要請正。張並囑顧要爲封面題署，並討論了「序文如何載筆，須斟酌」。10月16日午後，顧又訪張先生，商《書録》中宋元明遞修本諸史行款。次日，顧即酌改宋元明遞修本諸史行款並重擬《敬軒薛先生集》、《莊渠遺書》提要。這一年，顧廷龍除主持合衆圖書館的工作外，基本上都在襄理張元濟整理《書録》。

對於顧先生的工作，張先生是非常清楚的，所以在審校工作基本結束後，張先生在《書録》序中云：「起潛精於流略之學，悉心讎對，多所糾正，不數月遂觀厥成，滋可感也。」這體現出張先生對顧倚重之深，也是對顧最好的評價。

顧先生在《書録》中的修改，可見宋刊本《資治通鑑綱目》，在陸應揚跋後，顧添加「按應揚，字伯生，青浦人，爲縣學生，被斥，絶意仕進，顧名籍甚。詩宗大曆，好游，著游稿二十三種，又有《樵史》、《太平山房詩選》行世」。此在後來的定本上已全部印入。

明覆宋本《新序》十卷，顧硃筆在顧千里跋「此康熙庚寅義陽何氏」句批有「陽」，「當是門字之誤。龍」。

《管子》又一部，明成化刊本。此篇書録，爲顧修改，原作「明刊本」，顧加「成化」二字，又在「四庫」後添加「提要，績字用熙，號蘆泉，江夏人，弘治庚戌進士，官至鎮江府知府。《皕宋樓藏書志》有此，稱成化刊本」。

明萬曆刊本《敬軒薛先生文集》二十四卷。此篇原僅有「卷首有弘治己酉張鼎序，書名次行題門人關西張鼎校正編輯；鄉後學沁水張銓重校梓」。張元濟批「查。看原書序跋，加詳」。又有佚名批「此稿不排，另有原稿」。後爲顧廷龍所重撰，計三百餘字。顧批有「集部第三册（總册第九）第四十九頁。換此篇」。

明嘉靖刊本《莊渠遺書》十六卷，張元濟批「查。看原書各序，再續定」。又有佚名批「此篇不排，另有原稿」。後爲顧廷龍所重撰，計 200 餘字。

《書録》出版前的校樣本

校補《書録》的工作一直延續到 1951 年，那一年顧廷龍四十九歲。自元月中旬，《書録》基本上修改完畢，中旬即轉入校訂《書録》的目録，至 2 月初始竣。據記載，2 月 3 日，商務印書館的工作人員葉安定再和顧商《書録》的具體排印之事。這之後，《書録》就進入了緊鑼密鼓的後續階段，2 月 20 日，顧訪張元濟，又校《書録》。4 月 18 日，王雨樓、葉安定與顧再次商印《書録》的出版事。

筆者珍藏的《書録》是正式出版之前的校樣本，那是1962年7月，顧先生在上海圖書館長樂路書庫（原合衆圖書館的所在地，解放後改名爲歷史文獻圖書館，顧先生每個星期日的上午必定到此閱書，或看稿，我也在此和顧先生面對面坐，時時聆聽他的教誨）的辦公室送給筆者保存的。顧先生當時即告我，此《書録》中有張先生在病床上的校改，也有胡文楷的校筆。

這部校樣本共五册，第一册經部，其第一頁爲元刊本《周易鄭康成注》，在右邊裝訂綫處，張先生有「以後初校、再校、三校，均應注明。張元濟38/11/23」。第二册史部，其宋刊本《資治通鑑考異》又一部上批「依前。見《漢書》排樣，書名二行不應加綫。元濟」。宋刊本《編年通載》上之「光緒五年乙卯冬十月十三日新建勒方錡……集吴氏聽楓山館同觀誌喜」等七人觀款批「此何意，不解」。稿本《兔床日記》上對「起二月十六日，終三月十二日」批「不應斷句。元濟」。此外，還有一些。於此，可證張先生當時審看此校樣本的時間是在1949年11月23日，而在此前不到一個星期，即1949年11月5日至18日先審閱了稿本（打字印本）。

顧先生在元刊本《金史》「字體與前書相類」句，批有「本書所排『相』字在『木』旁下脚每個字均有毛病，請注意」。在宋刊本《資治通鑑考異》又一部上批「看經部頁卅五，又一部僅佔單行，則此又一部亦只要佔一行，照普通格式，惟用三號字耳」。在宋刊本《資治通鑑綱目》上批「亦字上面往往看不出，是否字有毛病」。「注意：排得不匀，下『鈐秦印』排得鬆，『嘉楫休』排得擠，不好看」。在吴梅村手稿《虞淵沈》上批「十一月廿日晚送到，廿一日下午三時半畢」。

在第一册還有數十處署「何繼曾」者的硃筆簽名以及藍色仿宋體名章，硃筆簽名下均注明日期，每頁上均如此，時間上分别爲10／17、10／25、10／26、10／28、11／2、11／26、11／29。這一年當爲1949年。又何偶有硃筆加注，如在宋撫州刊本《周易》上寫有「似應加點，乞指正」。在宋刊本《纂圖互注禮記》上寫有「是否照下例同改五號字，乞指正」。何當爲商務印書館排字部門的負責人，著有《排字淺説》。

這部校樣本中，可以看出校改者幾乎是每個字都認真過濾了一下，特别是用詞，尤其是涉及政治問題者，如「洪楊之亂」改爲「太平軍興」；「咸豐匪亂」更爲「咸豐兵亂」。其他包括字句行段，如版本項之改動、字體之型號大小、綫條之歪斜、鉛字之着墨不匀處、標點、訛字、漏排、倒置等都有標出，至於魯魚亥豕、訛奪之外不可勝紀，審校者之認真慎重，足爲今日之出版社年輕編輯參閲的「範式」。

關於《書録》的出版

1951年4月底，張先生對《書録》的定稿認可後，即於5月初撰有《書録序》，此序寫竣，張即致陳叔通信，並附呈《書録序》及顧先生之後記。張云：「余樂睹此幸存之書，而又慮其聚久必散也。爰於暇日，各撰解題，成此四卷，總計所存凡宋刊九十三部、元刊八十九部、明刊一百五十六部、鈔校本一百九十二部、稿本十七部……丹黄錯雜，析疑正謬。前賢手澤，歷久如新，是則至可寶貴也。」「而善本之存，亦僅此數十篋焉。」題曰：燼餘，所以志痛也。」以上數字總計547部5 000餘册。據涵芬樓原藏善本的統計爲3 745種35 083册，據此則燼餘之數尚不足原藏之15%，其餘85%有餘均不幸在轟炸中灰飛煙滅。

直至5月18日，葉安定送《書録後序》校樣給顧先生審閲。顧此日日記載有「即校付印，今日可竣事矣。據言，張元濟約二十一日須看樣書。自始工至畢工，亦十閲月」，顧先生乃有「如釋重負」之感。顧在《書録》的後序中云：「此録付印，命爲校字，每有商榷，備承詔示，今獲告成，不僅燼餘之書有一詳細之記載，亦且示舉世毋忘日寇之暴行，更惕厲後人作勿替之愛護也。」在顧編《涉園序跋集録》後記中，也有一段協助張元濟整理《書録》的記述：「先生秉賦特厚，神明强固。曩歲承命佐理《涵芬樓燼餘書録》時，病偏左未久，偃仰床笫，每憶舊作，輒口授指畫，如某篇某句有誤，應如何修正；又如某書某刻優劣所在，歷歷如繪。蓋其博聞强識，雖數十年如一日，此豈常人所能企及，謂非耄耋期頤之徵而何？」

顧廷龍在《張元濟與合衆圖書館》一文中對於此事有這樣的叙述：「張先生編著的《涵芬樓燼餘書録》，校印時囑我相助，在此時期先生幾日有便條給我，我亦一二日必往一談。先生病後，記憶力仍很强，某字某句要查，而且要查原書，這種校勘工作，在『合衆』做最爲適宜。」「廷龍辱招編摩，主館有年，杖履親承，益我良多。」

《書録》卷末附有《涵芬樓原存善本草目》，均按四部排列，計經部 146 種、史部 483 種、子部 495 種、集部 620 種，總共 1 744 種。1951 年 2 月 3 日張先生有送校《涵芬樓善本書目》給顧先生，此即爲請顧參考並按部分類排比。張先生序《書録》提及了此事：「涵芬善本，原有簿録。未燬之前，外人有借出録副者。起潛語余：北京圖書館有傳鈔本，盍借歸併印，以見全豹。余韙其言。移書假得，審係草目，凌躐無序。就余記憶所及，遺漏甚夥。蔣、何二氏之書尤多未刊。然所記書名，汰其已見是録者，猶千有七百餘種。異日史家纂輯藝文，或可稍資采擇。」

張先生所云「蔣、何二氏之書」，是指蔣汝藻密韵樓及何氏悔餘齋藏書。購買蔣氏之書是通過葉景葵先生介紹給張先生的，烏程蔣氏是藏書世家，1926 年 1 月因經商失敗，將書典押給浙江興業銀行，因期限將至而無力續回，而葉時任興業銀行董事長。蔣氏所藏有宋本563册、元本2 097册、明本6 753册、鈔本3 808册，又《永樂大典》10册，價值頗高。當時蔣氏開價20萬兩銀子，後商務印書館以16萬兩購入，從而成爲涵芬樓歷年來蒐集最爲珍貴的一批藏書。1925年1月，張先生赴揚州購置何氏悔餘齋藏書，約四萬餘册，三萬元。蓋因何秋輦逝後，其子旹威亦相繼下世，其家不能守，盡舉所有歸於涵芬樓。但這些書尚未整理，即悉數燬於日寇轟炸中。

《書録》的樣本一套五册終於在1951年5月22日裝成，扉頁上「涵芬樓燼餘書録」七字，即爲顧先生以篆書爲之。《書録》正式由上海商務印書館出版後，張先生即分送共和國主席毛澤東、政務院總理周恩來、人大副委員長陳叔通、上海市長陳毅等領導人。據《張元濟年譜長編》，5月26日，張先生致毛澤東信，並附呈《書録》一部。毛澤東收到書後則於7月30日有回覆：「三次惠書並附大作及書一函，均收到了，謹謝厚意。」6月12日，張先生致陳叔通書：「《書録》已印成，屬館中寄呈一部，不知已遞到否？」6月13日，陳毅覆張先生書：「惠書及《燼餘録》收閲，甚佩長者保存古籍之美意。今者，人民政府明令收集古代文物，設部專司其事。先生之志，繼起恢宏，誠可慶也。」10月4日，張先生致周恩來書：「附呈元濟所撰《涵芬樓燼餘書録》一部，亮登簽掌。脱稿有年，近始出版，紕繆甚多，務祈教正。」

《書録》出版後的 5 月 29 日，商務印書館即贈顧先生《書録》樣本四部，並校費舊幣 150 萬元。顧即匯 40 萬至蘇州並走訪顧頡剛先生，贈送《書録》一部。

《書録》原來的稿本十册，即由顧先生移至合衆圖書館收藏，後來「合衆」改爲「上海市歷史文獻圖書館」後，即鈐上了「上海市歷史文獻圖書館藏」的印章，不過，這應該是 1954 年 3 月以後的事了。而校樣本則由顧先生於 1962 年 7 月，贈與筆者保存。

《書録》有借鑒《涵芬樓秘笈》提要之處

《涵芬樓秘笈》是商務印書館出版的一部重要叢書。據孫毓修序，知皆爲涵芬樓所蓄秘籍世無傳本者，「以舊鈔舊刻、零星小種、世所絶無者，别爲《秘笈》。仿鮑氏《知不足齋叢書》之例，以八册爲一集，月有所布，歲有所傳，其用心亦勤矣」。此叢書從選書、校印、跋文乃至廣告詞，皆孫氏所爲。以《秘笈》全書 51 種之跋文，孫氏撰有 49 篇，而第四集中的《敬業堂集補遺》、第九集中的《雪菴字要》二種之跋，則出於張元濟之手。

孫毓修（1871—1923），江蘇無錫人。肄業於南菁書院，1907 年入商務印書館，追隨張元濟十餘年。曾受命管理涵芬樓藏書，爲漢學名儒，淹貫中西。參與輯印《痛史》、《涵芬樓秘笈》、《四部叢刊》等叢書，後因積勞致疾，年僅五十餘歲。撰有《中國雕板源流考》、《中國文學史論》、《四部叢刊書録》、《書目考》等。

《書録》在當年的撰寫初期，曾參考了過去商務印書館出版的一些圖書，這也是很正常的。筆者曾將《涵芬樓秘笈》中孫氏所寫提要讀過一遍，對照《書録》，略有所同，兹以三例證之如下：

《涵芬樓秘笈》第二集孫毓修跋，作於1917年1月，又見《孫毓修評傳》第394頁：

右《山樵暇語》十卷，明俞弁撰。見《四庫》附存目。《提要》不詳始末，故列於明季諸家間。今按弁字子容，又號守約居士，正嘉時人，後序甚明。《四庫》據天一閣本著録者，蓋失其後序也。書中稱吴文定公、王文恪公爲鄉人，則亦吴人也。卷五「予一日訪唐子畏於城西之桃花塢别業」云云，又知其爲六如之友。是書雜録古今瑣事及詞章典故，間加考證，亦有全録舊文者，體例在詩話、小説間，卷十引宋俞文豹《吹劍録》以自況，並效文蔚題詩二絶，可知其宗旨所在矣。然紀載翔實，不如文蔚之議論紕繆。四百年來，傳本絶稀。涵芬樓得華亭朱象玄手鈔本，有「朱象玄氏」朱文方印，「朱氏象玄」、「太史氏印」白文兩方印。象玄快閣藏書久已散爲雲烟。昔年曾見大德本《漢書》，捺其藏印。此出手鈔，彌可珍也。丙辰夏正十二月無錫孫毓修跋。

《涵芬樓燼餘書録》(子部第53頁B面):

《山樵暇語》十卷　明鈔本　二册　朱文石舊藏

明俞弁撰。《四庫》入雜家類存目,因未詳始末,故列於明季諸家,是爲明人鈔本。卷末有作者後序,知弁字子容,又號守約居士,爲正嘉時人。《四庫》據天一閣本著録,蓋失其後序也。書中稱吴文定、王文恪爲鄉人,作者必爲吴産。卷五云「予一日訪唐子畏於城西之桃花塢别業」,是又爲六如之友矣。是書雜録古今瑣事及詞章典故,間加考證,亦有全録舊文者,體例在詩話、小説間。卷十引俞文豹《吹劍録》以自況,並效文蔚題詩二絶,可知其宗旨所在矣。然紀載翔實,不如文蔚之議論紕繆。

《涵芬樓秘笈》第二集孫毓修跋,作於1916年1月;又見《孫毓修評傳》第393頁:

右《蓬窗類記》五類,明黄暐撰。字日昇,號東樓,吴縣人。弘治庚戌進士,官至刑部郎中。明刻《烟霞小説》,有《蓬軒吴記遺軒别記》一書,歧爲二名,又誤題楊循吉著。豈以傳本出於君謙,致有此誤耶?此明初鈔帙,尚是足本,分二十八紀,皆不出鄉里故實,亦《中吴紀聞》之流亞也。舊藏楊夢羽家,前三卷又經黄蕘翁手校,愈足爲此書引重,擺印時爲分注當句之下,以存其真。鈔本顯然謬誤,黄氏據别本改正者,不復引也。卷一至二,有隆慶間人海虞陶菴子手評,於本書不無瀹注之益,因仍存之。乙卯冬月無錫孫毓修小緑天識。

《涵芬樓燼餘書録》(子部第84頁B面):

《蓬窗類記》五卷　明鈔本　一册　楊夢羽、黄蕘圃校藏

題「黄暐日昇撰」。按:暐,吴縣人。明弘治庚戌進士,官至刑部郎中。《四庫》列小説類存目。前國朝典故中,亦有是書,但僅四卷。明刻《烟霞小説》,有《蓬軒吴記》、《遺軒别記》,歧爲二名,又誤題楊循吉著。此爲明人鈔帙,尚是足本,分二十八紀,皆不出鄉里故實,亦《中吴紀聞》之流亞也。舊藏楊夢羽家,前三卷經黄蕘圃手校。

《涵芬樓秘笈》第五集孫毓修跋,作於1918年6月;又見《孫毓修評傳》第403頁:

《存復齋文集》十卷附録一卷,元朱德潤撰。按澤民九世祖貫,爲睢陽五老之一,其後世渡江爲吴人。澤民延祐末以趙孟薦,授翰林應奉文字兼國史院編修官,尋授征東行省儒學提舉,後移疾歸。至正間,起爲江浙行中書省照磨官,參軍事,官杭、湖二郡,攝守長興。《四庫》謂澤民惟長於書畫,乃入其集於《存目》,以是傳本甚少。然同時如俞午翁、虞劭菴、黄金華並爲作序,一致推重。至德揮毫,柳林獻賦,夫豈偶

然？此本題「元征東儒學提舉睢水朱德潤澤民著；曾孫夏重編；賜進士湖廣按察使東吴項璁彦輝校正」。惟卷一一見，猶存古意。舊爲陸氏樂山書堂寫本，有「陸時化印」白文方印、「渭南伯後」朱文方印、「静異堂」朱文方印，並「元本」、「甲」兩小印。讀《藝風堂藏書志》，尚有《續集》五卷，惜未能與此一校也。戊午重五無錫孫毓修。

《涵芬樓燼餘書録》（集部第90頁A面）：

《存復齋文集》十卷附録一捲　影元鈔本　二册　陸時化舊藏

卷第一題「元征東儒學提舉睢水朱德潤澤民著；曾孫夏重編；賜進士湖廣按察使東吴項璁彦輝校正」。按澤民九世祖貫，爲睢陽五老之一，其後世渡江爲吴人。《四庫》著録，謂澤民惟長於書畫，故入其集於《存目》，以是傳本甚少。然同時如俞午翁、虞道園、黄文獻輩並爲作序，一致推挹，其文實婉雅可誦。是本從元刻出，半葉十二行行二十四字，摹寫尤精。

《書録》之餘話

涵芬樓燼餘之善本，在送往北京圖書館之前，商務印書館的胡文楷先生曾將原書從金城銀行中調出，並核之於已出版之《書録》，發現當年《書録》在編寫時，有些漏去之跋文、印記以及原書卷數在著録時的訛誤等，他都一一予以補全。如今，六十餘年過去，胡氏增補之本已不見踪跡，然而令人欣喜的是，日本友人高橋智先生處存有一份顧先生據胡氏增補的過録本。

高橋智先生是顧先生在復旦大學做兼職教授時的日籍學生，今爲日本慶應大學斯道文庫庫長。20 世紀 90 年代中，他去北京探望顧先生時，獲顧贈商務印書館印本《書録》。後高橋智將之發表於日本慶應大學《斯道文庫論集》第 45 輯，文章名爲《顧廷龍批注〈涵芬樓燼餘書録〉》。内中高橋將顧寫有「蔣」字的目録及書録中所漏寫部分如題跋、印章乃至手民排錯之誤字及增補處均録出。

這部《書録》的「總目」上有顧的親筆校注，包括凡是認定蔣氏藏書者均寫有「蔣」字，並過録胡文楷的校記。顧在「總目」下寫有一段識語：「涵芬樓燼餘書歸北京圖書館時，經胡文楷君檢理，見跋文印記有脱誤隨手記之。余請其録存副本，兹復迻録一過，以便省覽。當余編校《書録》，以書存銀行，未能一一提閲爲憾耳。龍記。」又在宋刊元明遞修本《史記》中，有顧先生的另一段文字，云：「日本東方文化學院藏有此本殘本，存卷二、卷三、索隱後序，爲狩谷望之舊物。見《史記》研究的資料和論文索引。龍記。一九七三年四月二十四日。」

顧先生另又抄有凡蔣氏舊藏之書名，共八紙，凡 140 處，爲顧先生所書，「蔣」指蔣汝藻、孟蘋祖孫三代的密韵樓藏書。蔣汝藻，浙江湖州南潯人，辛亥革命後，任浙江省軍政府鹽政局長、浙江鐵道會社理事。清末民初間，杭州汪鳴鑾、貴陽陳田、寧波天一閣所藏善本散出，蔣氏所獲甚多，其中有宋本 88 部、元刊本 105 部、黄丕烈校鈔本 44 部。紙末顧有題識，云：「右目所注『蔣』字，均爲得自蔣孟蘋所藏，據胡文楷先生所校傳録。一九三年十二月顧廷龍記。」

胡文楷（1901—1988），字世範，江蘇崑山人。1924 年入商務印書館，1966 年在中華書局上海編輯所退休。胡與顧的關係甚好，最初獲識於合衆圖書館，當年顧曾邀胡在館協助編目；胡之《歷代婦女著作考》，也曾獲顧的幫助。

此雖爲胡氏「隨手記之」之本，但却讓我們瞭解到許多人所不知的材料。如明嘉靖刊本《周禮鄭氏注》十二卷，此本黄丕烈跋有十四則，但《書録》收了七則，另七則爲：「十一月十七日亦取纂圖互注本參校一過，未知與錢所校本同否。所校字時有出入（卷一後眉）。」「案此本最佳，錢云尚多誤謬，此惑於他本也（卷一後眉）。」「某家得此時，見有校宋本在上，已出重貲，故此時購之必索重直，且經估人之手，宜增至十番也（卷一後眉）。」「此嘉靖本《三禮》中之《周禮》也。昔以青蚨六百餘文購一塾師讀本，已點污矣，久而失之。兹復置此，污損更甚，卷中紅筆是也。蕘夫記（卷六後）。」「丁丑孟夏，又用海寧吴槎客藏重言重意宋本校。《夏官》下卷損之（卷八後）。」「丙子十月，借鈕非石手校顧抱沖藏余仁仲本校（卷十二後）。」「此本卷一末有錢聽默跋，云『得京本校注』。《秋官》又多蜀本校字。余兹校德興董學士宅集古堂本於汲古注疏本上。復以董本參錢所校者，但就錢校處參校董本。經注與此本異同字不復校上者，以有全校本在毛刻上也。董本有鈔補卷，故宋本標曰『董本』缺卷標曰『鈔補』云。復翁（卷十二後）。」

如宋景祐刊本配元大德延祐元統明正統本《漢書》一百十八卷，此本有李兆洛、錢天樹、無名氏三跋，又程恩澤、顧蘭厓、莫友芝觀款。但孫雲鴻題識及貫唯居士跋却佚去。孫之題識及貫唯居士跋云：「道光庚戌九月中澣觀於味經書屋。生平所見宋槧書，此爲甲觀。復生孫雲鴻誌。」（下鈐「雲」字白文、「鴻」字朱文二方印。）「右目爲蕘圃先生手筆。今先生好古本書，平日得不完本必多方補緝，汲汲不暇他作，觀此可以想其嗜好之篤矣。今人求田問舍，其勤苦不異於先生，及身殁，則産屬他姓，更有何人道及之。此數頁雖字跡不工，而芙川猶以其人可重，不忍棄置，列之卷首。後世苟知重是書，此數頁亦不湮没，洵非俗士可同語哉！既以見示，屬爲跋語，漫書頁末。時道光丁酉夏四月也。貫唯居士爾旦。」（下鈐「貫唯」白文古印。）

鈔本《國朝名臣事略》十五卷，此本有黄丕烈跋，但另二則黄跋却未被收入。跋爲：「道光癸未照校元刻本。每半頁十三行，行二十四字。此第一卷計脱一百五十七行，以元刻行款核之，爲六葉多一行，兹校補手録之。蕘夫自二十迄二十四畢工校補（校補十一卷後）。」「道光癸未照校元刻。每半葉十三行，行二十四字。此第九卷計脱廿六行，以元刻行款核之，適脱一葉，兹核補手録之。蕘夫。」

吴枚菴校本《吴越備史》四卷，此本原有吴翌鳳三跋，但吴翌鳳録錢曾跋却被删去。錢跋爲：「今本《吴越備史》，武肅十九世孫德洪所刊。序稱：忠懿事止於戊辰，因命門馬蓋臣續第六卷爲補遺。予暇日以家藏舊本閲之，知其刻之非也。是書爲范坰、林禹所撰，稱忠懿爲『今元帥吴越國王』，自乾祐戊申至端拱戊子，紀王事終始歷然。新刻則於乾德四年後，序次紊亂，脱誤宏多，翻以開寶二年後事爲補遺。他如王因衣錦城被寇，命同玄先生閭丘方遠建下元金籙醮於東府龍瑞宫。其夕大雪，惟醮壇上星斗燦然，一黑虎蹲宫門外，罷醮而去。羅隱師事方遠，執弟子禮甚恭，及迎釋迦建浮圖以供之，其制度皆出王之心匠，諸事皆失載。其字句紕繆處又不知幾何也。蓋德洪當日所見乃零斷殘本，實非完書，以《家王故事》急付剞劂，未遑細心參考耳。也是翁錢曾遵王。」

如鈔本《徂徠文集》二十卷，此本有嘉慶間仲卿氏題，内中有云：「既楷書謝山先生跋語於卷端。」但全祖望的跋已被删去。全跋爲：「徂徠先生嚴氣正性，允爲泰山第一高座，獨其析理有未精者。其論學統，則曰『不作符命，自投於閣』，以美揚雄，而不難改竄《漢書》之言以諱其醜，是一怪也。其論治統，則曰『五代大壞，瀛王救之』，以美馮道，而竟忘其長樂老人之謬，是一怪也。涑水亦不非揚雄，然猶爲之周旋其辭，謂其鑒何、鮑之禍，而委蛇爲之。即南豐以爲合箕子之明夷，雖其言亦失《春秋》之意，要未若徂徠之武斷。夫欲崇節誼而乃有取於二人者，一言以爲不知，其斯之謂歟？謝山全祖望（卷首）。」

除了漏去某些跋文外，還有一些藏本的鈐印也未録入，如貴徵鈔本《五代會要》三十卷，此本卷末有貴徵跋，並鈐有「貴徵仲符」等印二十四方，然《書録》全數不録。又如鈔本《絳雲樓書目》二卷之「吴翌鳳枚菴氏珍藏」等九印；鈔本《寶刻叢編》二十卷之「韓履卿藏經籍金石書畫之印」等八印；宋刊本《古今合璧事類備要》之「曹淇文漢」等八印；明鈔本《劇談録》二卷之「汪氏啓淑」等四印；鈔本《寧極齋稿附慎獨齋稿》不分卷之「勞權」等五印；元至順刊本《静修先生文集》二十二卷之「黄印丕烈」等七印；鈔本《宋元詩會》一百卷之「法印式善」等五印，不知什麽原因，均未收入。

也有一些善本書記録了部分鈐印，但也遺漏了其他一些重要印章，如鈔本《唐宋諸賢絶妙詞選》三卷，僅收「毛晉之印」、「子晉書印」、「汪士鐘讀書」等七印，但却佚去「毛晉私印」、「汲古閣」、「汲古主人」、「汲古得修綆」、「汪士鐘藏」等十二方印記。究其原因，或是當年參與撰寫的助理有選擇地選一些，而不及其餘。

涵芬樓燼餘之最後歸宿

涵芬樓燼餘之書，所存凡宋刊 93 部、元刊 89 部、明刊 156 部、鈔校本 192 部、稿本 17 部，總計 547 部，5 000 餘册，其中《永樂大典》就有 21 册。張先生在 1932 年 3 月 17 日致傅增湘信中認爲燼餘之書的數量與質量，「竊以爲尚在海源閣之上，不審吾兄信以然否？有暇當將書目録出呈覽，請法家一評定之」。那麽，這樣好的珍本在《書録》出版之後，還能讓它繼續保存在金城銀行嗎？它的出路又在何方呢？是捐獻還是出讓？是全部一次解決還是慢慢消化？最後又由誰來保存呢？

實際上，在《書録》出版前，即有有識之士在思考此一問題了。1951 年 5 月 6 日，張先生有致陳叔通信，告以商務印書館常務董事徐善祥提議將涵芬樓所藏 21 册《永樂大典》捐獻國家之事。四天後的 11 日，陳叔通即有覆函，贊同徐的提議，並建議「要須通過董事會」作最後決定。

據商務印書館《董事會記録簿》提案云：「本公司舊日涵芬樓及東方圖書館藏書名聞世界，自經『一・二八』兵燹以後，燼餘之數不逮百一，至爲可痛。兹查有《永樂大典》爲十四世紀吾國有名之官書，在文化上極有價值，頻經劫亂，燬佚殆盡。本公司前經蒐得二十一册，幸尚保存，謹按二十一册之中，所録有《湖州親領各縣誌乘》，有《冀州疆域沿革》，有《元一統志》，有《周易兑卦諸家解説》，有《孟子諸家注》，有《骨蒸證治》，有《壽親養老書》。尤以《水經注》前八卷之四册，卷次聯貫，最爲難得。清代《四庫全書》中《水經注》即從此出，亦即武英殿聚珍版《水經注》之底本。其後七卷現由北京大學收藏，可以完全配齊。我公司本努力文化之旨，似宜將此珍籍捐獻政府典藏，以昭鄭重。兹特向貴會建議，敬請公決。如蒙通過，再由公司具呈，獻與中央人民政府，懇其收納。」

6月2日，在商務印書館第505次董事會上，通過了張先生等董事署名的善本書保管委員會擬將商務印書館所藏《大典》捐獻國家的提案。數天後，張先生即起草呈文，並委托袁翰青代遞致政務院周恩來總理。此事可見6月12日張致陳叔通書，有云：「捐獻《永樂大典》已由董事會通過，同人之意，擬具呈文，徑呈政務院，並託袁翰青君代遞，大約不久即可運出。其呈文係弟起草，當屬伊見思先呈臺閲。如有不妥，務祈指示。」

周恩來總理在百忙之中，於8月24日覆張先生，表示感謝張代表商務印書館向國家捐獻《大典》之事。10月4日，張先生再致周恩來書，談及《大典》的捐獻問題：「商務印書館舊藏《永樂大典》二十一册，本係國家之典籍，前清不知寶重，散入民間。元濟爲東方圖書館收存，幸未燬於兵燹，實不敢據爲私有。公議捐獻，亦聊盡人民之責，乃蒙賜函齒及，彌深榮感。」爲了捐獻《大典》，居然要一再寫信給總理，這又是怎麽一回事呢？

《永樂大典》是在中國明代永樂年間（1402—1424）明成祖朱棣命太子少師姚廣孝和翰林學士解縉主持的一部中國古代規模最大的類書。《大典》永樂時的鈔本早已不存，現今所存爲明嘉靖間抄的副本，六百年中，《大典》歷經滄桑，兵燹、自然灾害及偷盗，致使《大典》目前所知僅存四百餘册。《大典》即使是殘缺不全，但仍受到近代藏書家的重視，以有入藏爲幸。

這21册《大典》是張先生在1929年之前爲涵芬樓收得的，其中有十多册得自蔣氏密韵樓，之所以極爲珍貴，不僅是稀少之因，更重要的是因爲後來的武英殿聚珍本《水經注》所自出的前半部即在其中。書上除其他私家藏印外，都鈐有「涵芬樓」、「海鹽張元濟經收」印。自辛亥革命始，至1949年止，國内藏有《大典》的不多，因此，這在當時是一筆很大的文化財富。即以當時的北平圖書館來説，在1937年日本侵華，局勢進一步惡化時，中國方面通過駐美使館與美方聯繫，從北平館存放在上海租界的珍貴圖書中選取善本三千種，兩萬餘册，其中《大典》62 册，分裝 102 箱，轉移到美國華盛頓（今存臺北故宫博物院）。這之後，即 1937 年至 1951 年，北圖又入藏了 32 册《大典》，所以此時涵芬樓燼餘之《大典》21 册庋藏北圖，無疑是錦上添花、如虎添翼了。

張先生將《大典》的捐贈之事，當作嫁女一樣的看重，他在捐贈之前又做了一些額外的準備工作。正因爲《大典》的珍貴，在流傳過程中，都是有函套的，但時間久遠，有的布函已經開制，所以張先生在看到函面卷簽底樣殊未合式後，決定重做。他在 1951 年 6 月 6 日至 10 日，連續五天每天皆有信吩咐丁英桂，要求有關人員「查明高寬尺寸實數，用牛皮紙裁一實樣見示，並記明英尺尺寸」。「費先生所寫一紙『永樂大典』四字，似尚嫌小。卷册八行，似佔地過寬，如改四行，則不致有患矣。又下脚餘地似屬過空，可再伸長一寸，將『永樂大典』四字放大，則下餘空紙亦不致太多。此朱箋應襯托白宣紙，四旁各伸出約二分之譜，粘在函面當中，其上端應離邊緣約半寸地。是否合式，請公司核定。布套何時可製成？一切手續完畢後，乞將全書送下一閲」。由於别鶴孤鸞，相離在即，張先生又有「此生不能再與此書相見，臨别不無餘戀也」之感慨。

《中國國家圖書館百年記事》曾記載了 1951 年 7 月 23 日「商務印書館董事會將所藏 21 册《永樂大典》捐給中央人民政府」之事，該館館藏檔案存文化部文物局 1951 年 8 月

13日通知：「商務印書館將《永樂大典》廿一本捐獻國家，即撥交你館庋藏，特此通知。」除通知外，另有同年8月6日交接清單，因此，轉入北圖的日期當爲8月6日。

《大典》捐贈完成後，其餘涵芬樓燼餘之五百多部善本，則均由中央文化部收購。1952年12月24日，張先生致鄭振鐸信云：「近日，貴同僚王冶秋君莅滬過訪，談次知涵芬樓燼餘各書甚蒙垂注，至深感荷。此等書籍斷非私人機構所能永保，同人久有貢諸中央之意，只因有種種關係，未即實行。敝同人史久芸君亦曾傳達雅意。前日，本館經理沈季湘、襄理張雄飛二君往謁王冶秋君，面陳一切，想經轉達聰聽，兹不贅陳。」

要做成一件事並不容易，張先生所説的「此等書籍斷非私人機構所能永保，同人久有貢諸中央之意，只因有種種關係，未即實行」。很清楚，張先生考慮的是這些「涵芬樓燼餘各書」必須交給「中央」，而不是「私人機構」。在當時，也許有人會想，爲什麽張先生没有將這批燼餘之珍本留在上海，甚或捐給與他非常熟悉而且又親任董事會董事的合衆圖書館呢？而且張曾將數十年來所收集的浙江海鹽鄉邦文獻也都捐給了「合衆」。

實際上，在40年代末，上海地區的圖書館重要者不多，據解放初的1950年，上海市文物管理委員會對全市各類公私圖書館做過的調查，大大小小共有117所。即使是公共館的上海市立圖書館，成立於1945年10月，藏書僅十一萬册，規模甚小。而30年代末成立的合衆圖書館在解放前的上海灘上都没有正式掛牌,僅僅是一個小小的私立圖書館,直至 1953 年 6 月,「合衆」才被上海市文化局接辦,1954 年 3 月又變身爲上海市歷史文獻圖書館。

而早在 1912 年 8 月正式開館的京師圖書館,1928 年 7 月改名爲國立北平圖書館,1949 年才改爲北京圖書館。那時的北圖,已經具備了以典藏豐富而著稱的綜合性研究圖書館的條件,已有了國家圖書館的雛形。因此,張先生當年的決策是絶對正確的。

沈季湘經理和張雄飛襄理是專門爲涵芬樓燼餘之書去京辦理此事的,也是代表張先生去和商務印書館打前站的。沈季湘,曾任職《辭源》組,後爲經理,又任商務印書館駐滬辦事處副主任。由於材料不足,我們無法知道沈、張這次在北京與文化部社會文化事業管理局副局長王冶秋見面之詳情。

但是没過多少時候,在次年的 1 月 12 日,商務印書館的史久芸即約戴孝侯同往北海團城,見社會文化事業管理局局長鄭振鐸、副局長王冶秋,談涵芬樓燼餘善本書由政府價購之事(此事見《史久芸日記》)。史久芸(1897—1961),浙江餘姚人,十八歲時考入商務印書館商業補習學校,後長期在館從事財務和管理工作,先後擔任哈爾濱分館會計主任、商務印書館駐京辦事處主任、總館人事股股長。相信這一次的會見,初步達成了價購的數字以及其他之事。

涵芬樓燼餘善本藏書移交北京圖書館保管之事是很順利的，1953年2月9日，由沈季湘、丁英桂、穆華生護送這批藏書乘火車運抵北京。北京圖書館派員至車站迎接，並將全部藏書轉至北京圖書館善本部。次日，沈、丁及史久芸往文化部訪鄭振鐸局長及北圖善本部主任趙萬里等，匯報與北圖有關人員點交善本書事[一]。丁英桂（1901—1986），平湖乍浦鎮人，高小畢業後即考入商務印書館商業補習學校，學成後留館工作。先後在出版部、圖書館、總務處、業務科任職。東方圖書館被燬後，董事會設立善本書保管委員會，丁爲助管員。在他的嚴密防範保管下，珍貴典籍完整無缺，多年來，他是張元濟輯印古籍的助手。解放後，曾主持影印《古本戲曲叢刊》，後任高等教育出版社上海辦事處副主任、商務印書館駐上海辦事處副主任、中華書局上海編輯所影印組組長。穆華生，應爲商務印書館職員。

2月12日的上午，史久芸又與沈季湘、丁英桂再去見鄭振鐸，談至九時半。直至2月21日晚，鄭振鐸、王治秋邀請史久芸、戴孝侯、丁英桂在西四同和居晚飯。這之後的4

[一] 張人鳳、柳和城編：《張元濟年譜長編》（下冊），上海交通大學出版社，2011年，第1386頁。亦見《史久芸日記》。

月6日，張先生有致鄭振鐸信，云：「涵芬樓燼餘善本仰荷玉成，俾能得所，銜感無極。比想交割都已竣事矣。」[一]至此，涵芬樓燼餘善本全部移至北圖善本部保管，張元濟去年所希望的「商務」「同人久有貢諸中央之意」的希望得到了具體落實，他本人晚年最大的夙願也得以滿足。

結語

張先生一生著作等身，其作爲版本目録學之大家，功底深邃。他的《書録》不僅揭示了涵芬樓燼餘之書的内涵，而且也爲後人撰寫善本書志立下了一種模式。「涵芬模式」的格式是先録每書之書名、卷數、版本、册數、舊藏者。次爲書序、行款、著者，刻工、諱字及刊書題識及牌記，至於與他本之異同、版本之特點、流傳之罕見等也皆在文字中顯現；次録各家（學者、藏書家及時人之跋文、題識）；最後録藏家之印記。使人讀之大有禆益，直感其書體例之善，考訂之精，條理清楚，一目瞭然。

顧先生所編《涉園序跋集録》是張先生著作中的一種，顧的後記裏説道：「張先生者

[一] 張人鳳、柳和城編：《張元濟年譜長編》（下册），上海交通大學出版社，2011年，第1389頁。

年碩德，經濟文章，並爲世重，先生「專精畢力於丹黄楮墨間，積累蘊蓄，傾吐心得於題跋文辭中，往往發前人所未發。方諸前賢如義門、抱經、蕘圃、千里無以過之。抑且訪書南北，留珍海外，過眼琳琅，會神應手，允誼徵引衆説，拾遺補缺，洞中要竅，此更前賢所未逮」，當非過譽之詞。

《書録》中尤其是叙述版本之異同及特點，往往發前人所未發，如無高深之學養，以及對版本目録之深知者，决難寫出如此高質量之專著。民國間一些重要收藏家兼學者，如葉德輝之《郋園藏書志》、傅增湘之《藏園群書題記》等，雖各有特色，但皆没有張先生之《書録》那樣系統及規則。

無獨有偶，1937 年至 1939 年，張先生爲潘明訓寶禮堂所藏宋本、元本專門撰寫了《寶禮堂宋本書録》，9 月此書出版。所收潘氏藏宋本 99 種（經部 19 種、史部 23 種、子部 21 種、集部 36 種），附元本 6 種。此《書録》之每篇書録也有一定模式，即每書著録書名、作者、版本、册數，即叙其緣由，再録各家題跋，次版式、刻工姓名、諱字、藏印等。其避宋諱缺筆者，乃在考訂年代。又録刻工姓名，則爲判斷刊刻地域。藏印當可溯其藏書流傳之有緒。此與《書録》之撰寫，有異曲同工、殊途同歸之妙。

如今，《書録》稿本及校樣本、過録本仍保藏良好，津撫其書，思昔今，嘆張、顧、孫、胡諸先生墓有宿草，不勝人逝物在之感。然展卷摩挲，細讀張先生等人之批注，但見眉端行間，朱墨紛披，丹黄並見，又如與前輩大師相對，聆聽教誨，他們之風範與神采，又令人有彌深敬仰之忱。至於張先生之書法老到，顧先生之朱書細字，極其精緻，在不勝浩嘆之下，豈不又給《書録》增重。

涵芬樓，作爲一家出版機構的藏書樓，在戰爭年代，風雨飄摇之際，數十年來爲國家、爲民族保存了如此之多的先民所遺存的珍貴典籍，是真正的不易。解放之後，涵芬樓燼餘之書走入了北京圖書館，進入了歷史，作爲國家的財産而永久保存。張先生的願望也終於得以實現。

2017 年 12 月 2 日深夜

於美國波士頓之慕維居

附録五　顧廷龍批注《涵芬樓燼餘書録》：中國版本學資料研究

高橋智　撰　　張雪兒　譯

一、關於《涵芬樓燼餘書録》

本書是研究中國目録學、版本學最典型的善本解題目録，具有極高價值。本書被收録在2003年北京商務印書館出版的《張元濟古籍書目序跋彙編》中，是這套三册叢書中的一册，被細緻地加以標點，爲作者張元濟(1867—1959)之孫張人鳳所編纂。近年(2009年)，這一標點本還被收録在《張元濟全集》的第八卷之中。

涵芬樓位於上海，是商務印書館的圖書館。1902年(清光緒二十八年)，商務印書館設立編譯所，所長蔡元培，張元濟即在此工作。1904年，張元濟在編譯所創立圖書館。在蔡元培的介紹下，先購入紹興徐友蘭(1842—1905)鎔經鑄史齋的一批藏書，從此開始搜集書籍，陸續收入了清宗室盛氏、丁氏持静齋、繆氏藝風堂等等的藏書，搜書原本是作爲編譯的參考資料。1909 年圖書館被命名爲涵芬樓。1924 年藏書達到十萬册，在上海寶山路建立了新館，以「東方圖書館」的名字再度啓航。新館共有五層，三層是名爲涵芬樓的善本藏書室。1926 年商務印書館三十週年紀念之際，東方圖書館對外開放。1927 年張元濟辭去商務印書館的職務，移居蘇州，此時涵芬樓已收集有《永樂大典》二十一册、超過三百種的宋元本等善本，已經發展爲大型圖書館。可是，1932 年 1 月 28 日夜，日軍侵略上海，第二日上午十點左右，位於寶山路的商務印書館遭受飛機轟炸而被燬。不過，在這一最惡劣的戰事之前，商務印書館就把以涵芬樓藏書爲主的五百幾十種善本移交銀行金庫保管，所以這些藏書躲過一劫。戰後，涵芬樓藏書被逐批寄贈給北京政府，成爲北京圖書館的收藏。那些被焚燬的書，長澤規矩也在它們遭遇滅頂之災前在涵芬樓進行過閱覽調查，那時寫就的草目尚存，據此可以瞭解它們的大略，這也就是附在《涵芬樓燼餘書録》書後的《涵芬樓原存善本草目》。而「燼餘」是劫後幸存的意思，飽含悲痛之情。張元濟爲這些「燼餘」之書撰寫了詳細的解題，然而一直壓在箱底，没有公開發表。1951 年，在朋友的再三勸説下，他整理了這些解題，由商務印書館以鉛印線裝的形式出版。當時在上海主持私立合衆圖書館的顧廷龍（1904—1998）負責校訂工作，並撰寫了《涵芬樓燼餘書録》的序跋。然後，涵芬樓的藏書（東方圖書館藏書）1953 年全部獻給了政府，在從上海運到北京圖書館時，由胡文楷(1901—1988)進行查點。

胡文楷，字世範，江蘇崑山人。從1924年進入商務印書館開始，直到1966年從中華書局上海編輯所退休，始終在上海從事編輯、編譯工作。曾協助張元濟編纂《四部叢刊續編》、《百衲本二十四史》、《古本戲曲叢刊》等工作。1942年，與顧廷龍相識，幫他整理編目入藏合衆圖書館的古籍，這提升了他對古籍的鑒别能力。之後寫就《歷代婦女著作考》(1957年自序，張宏生等增訂本，2008年，上海古籍出版社)，在學術界建立了不朽的豐碑，這一著作給人以精審至極的感覺。瞭解了他的這一畢生成就，顯然就能理解他在查點涵芬樓藏書時，用實物校對《爐餘書録》内容並逐一確認其記述的做法。依據這一工作，能夠對藏書印、題跋等詳細記録增加少許的修訂。考慮到這些藏書現在都在中國國家圖書館裏，所以核對實物的話對館員來説也不是不可能，但總之對於我們來説第一位的事，還是要感謝受到了胡先生精審工作的恩澤。胡先生的恩澤還不止於此，我們還能根據胡先生的記録弄清楚涵芬樓藏書的來源。商務印書館在民國十四年(1925)前後，購入浙江大藏書家蔣汝藻(1877—1954)的宋元本书籍，這批书籍構成了涵芬樓的典藏核心。换言之，《爐餘書録》中有相當一部分是蔣先生的舊藏。但我們無法根據《書録》確認哪些是蔣氏書。所以，知道入藏經過的胡文楷先生爲了區别而留下記録，在那些來自蔣先生藏書的書名頭上寫一個「蔣」字。

蔣先生曾在民國八年(1919)聘請學者王國維(1878—1927)根據家藏善本編纂目録,於是撰成了《傳書堂善本書目》。此稿本一直未刊,直到1974年臺灣藝文印書館影印出版了蔣先生之子祖詒的校本,我們才得以一睹其内容。雖然根據《傳書堂善本書目》可以探尋到蔣氏藏書的主要來源,但是如果僅依靠此書,其中與《燼餘書録》相出入且難以斷定是非的情況還是很多的。胡氏的記録能充分解決這一難題。《涵芬樓燼餘書録》是現在佔據了中國國家圖書館重要位置的善本書解題,更重要的是通過它能釐清書籍源流,加之部分解題的補正,自然也更加提升了此目録的意義。蔣汝藻出自湖州南潯蔣氏,字元采,號孟蘋。他極大地豐富了祖孫三代的藏書。辛亥革命後,擔任浙江省軍政府鹽政局長、浙江鐵路公司董事長等職。他不僅是一名實業家,還繼承了汪鳴鑾(1839—1907)萬宜樓的善本(其中包括孔繼涵微波榭校鈔本)、貴陽陳氏(陳田)、寧波天一閣的明刻本等等。陳田收藏明刻本有「明人集部四千種」之稱,又有自文求堂流傳到日本,後被羅振玉買回其中一百幾十部,最終歸于蔣氏的逸事。蔣氏藏書中包含88部宋刊本、105部元刊本、44部黄丕烈(1763—1825)校鈔本等等。總而言之,蔣氏藏書的精華是民國五年得到的宋周密《草窗韻語》,全世界僅此一部,甚至「密韻樓」此名就來自裏面的「密」、「韻」二字。附帶説一下,這本書現在下落不明了。另外，《爐餘書録》包括蔣氏家藏的七部宋刊本，《密韻樓叢書》曾影刻出版了這七部書。如此一來，蔣氏藏書在清末民國時代的地位就能和他的出版活動一樣，被評價爲屈指可數的成就。但是民國十四年由於企業經營失利，不得不變賣主要的善本藏書。民國二十一年，明刻本全部出售給了北平圖書館（後來的北京圖書館）。

對某些古籍來説，這樣的藏書流傳歷史是必須給予正確而充分理解的。期待讀者能通過利用本書目，進一步推進相關圖書流傳的研究。移録胡文楷記録的是顧廷龍。顧先生是最後一位精通清末民國學術、藏書文化的學者。1998年8月22日去世，享年95歲。直到去世前，移録胡文楷訂正的《涵芬樓燼餘書録》一直是他放在身邊的圖書之一。雖然顧先生希望本書能再版，但移録本始終未被發表。在取得哲嗣顧誦芬（1930—）的同意後，這些記録得以公開，因此致謝並記録緣起。

相關文獻：

＊《涵芬樓燼餘書録》，上海商務印書館，1951，鉛印，五册
＊《張元濟全集》八卷，北京商務印書館，2007
＊《商務印書館九十五年》，北京商務印書館，1992

＊《傳書堂藏善本書志》(王國維撰,不分卷十六册,1974年,臺灣藝文印書館)

稿本。蔣祖詒校影印本,原豎行稿紙記云「密均樓寫本」。末有台静農跋,首有王國維序。

＊《密韻樓影刊宋槧孤本七種》(民國十一—十三年[1922—1924]刊,影宋,藍印)

草窗韻語六卷,宋周密撰,二册

吴郡圖經續記三卷,宋朱長文撰,二册

曹子建文集十卷,魏曹植撰,二册,上海圖書館藏有類似版本

歌詩編四卷,唐李賀撰,二册

雪嚴吟草甲卷忘機集一卷,宋宋伯仁撰,一册

青山集三十卷,宋郭祥正撰,六册

竇氏聯珠集一卷,唐竇常、竇牟、竇群、竇庠、竇鞏撰,唐褚藏言編,一册

二、批校、翻刻

〇下面照原樣轉寫顧氏的移録。爲了方便起見,使用繁體中文。

〇前面是「總目」。其中的書名,來自蔣汝藻密韻樓的標記「蔣」字,蔣氏舊藏原無而

增加修訂的標記「顧批」(不過這些是胡文楷的記載)。

○後面是對各書解題的批校的轉寫。

○寫着「增」的表示增補,寫着「訂」的表示修訂。按語標「按」。顧氏自加的批語標記「顧批」。

下略。

《涵芬樓燼餘書録》綜合索引

程遠芬　編

（一）本索引包括《涵芬樓燼餘書録》中的書名、著者姓名字號、序跋題記者姓名字號、藏書家姓名及印鑒等。

（二）書名條目，除主條目外，還包括書録中涉及的相關書名。

（三）作者、編纂者、序跋者均立目。承前省略的名字或字號，補足姓氏後出索引條目。

（四）本索引按四角號碼檢字法編排。

（五）條目後的數字為頁碼。

0

1123$_2$　張

1314_0 武

1315_0 職

1412_7 功

1413_1 聽

1418_6 璜

寳

竇

3090_1 宗

3090_4 宋

3111_0 江

4490_1 蔡

周

8